Hans Ritte

Hej

Lehrbuch der schwedischen Umgangssprache

Arbeitsbuch

Max Hueber Verlag

7. 6. 5.	Die letzten Ziffern
1995 94 93 92 91	bezeichnen Zahl und Jahr des Druckes.

Alle Drucke dieser Auflage können, da unverändert, nebeneinander benutzt werden.
2. Auflage 1984

Verlagsredaktion: Elisabeth Stiefenhofer und Angelika Strocka, Ismaning
Zeichnungen: Annika Winther, München
Satz: Brigitte Schneider, München
Druck: Ludwig Auer GmbH, Donauwörth
Printed in Germany
ISBN 3-19-035111-2

Inhaltsverzeichnis

Lektion 1

I. Suchen Sie nach dem jeweils passenden Wort, durch das die Nationalität bezeichnet wird.

Der Name der Hauptstadt soll als Anhaltspunkt dienen.

Beispiel: Erik bor i Stockholm. Han är svensk

Är du också från Sverige? Nej, men jag talar svenska

1. Sören är från .... Han bor i Köpenhamn. Talar du ....?
   Ja, jag är ....
2. Peters fru är .... Hon är från Paris. De är ofta i ....
   Peter talar ju bra ....
3. Juan talar .... Han kommer ju från Madrid. Pers mor är ....
   Men hon bor inte i ....
4. Halvar är .... och talar bara .... Han bor i Oslo. Halvars fru är inte från ....
5. Barbara är .... Hon kommer från Berlin.
   Barbara och jag talar bara .... Är din man också ....?
6. Vi kan tala .... Jag är också från .... Jag bor i London. Här är Mike, han är ...., han också.

II. Bilden Sie schriftlich Sätze unter Verwendung der untenstehenden Wörter!

Mike	har		tändstickor
Petra och Sebastian	vill ha		svenska
Katarina	är	från	engelsman
Åke	dricker		Sverige
	kommer		München
	talar		te

III. Beantworten Sie die Fragen:

1. Varifrån är Mike?
2. Varifrån är Katarina?
3. Varifrån är Sebastian och Petra?
4. Varifrån är du?
5. Vill Mike ha kaffe?
6. Vad dricker Sebastian och Petra?

IV. var – vad – varifrån

Lernen Sie unterscheiden und setzen Sie in den folgenden Sätzen das richtige Fragewort ein:

1. .... är Mike? Han är från England.
2. .... heter Petras pojkvän? Han heter Sebastian.
3. .... ligger Sverige? Sverige ligger i Europa.
4. .... dricker Mike? Han dricker te.
5. .... är Sebastian? Han är från München.
6. .... heter Sveriges kung? Han heter Carl Gustav.
7. .... ligger Stockholm? Stockholm ligger i Sverige.
8. .... är det här? Det här är tändstickor.

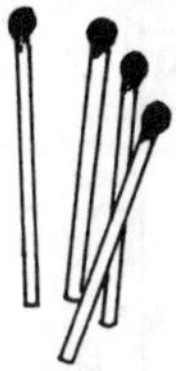

V. Welches Verb paßt hier?

1. Hej! Jag .... Åke. Jag .... från Sverige.
2. Mike, ... du ha kaffe?
3. Katarina, ... du tändstickor?
4. Mike är engelsman, men han .... svenska också.
5. Där .... Sebastian och Petra.
6. Stefan vill .... Lena.

vill – har – heter – talar – träffa (Infinitiv!) – kommer (2)

VI. här – där

1. Mats: Var är du?
2. Ingrid: Jag är ....
3. Mats: Är Lena också .... ?
4. Ingrid: Nej, hon är inte .... !
5. Mats: Vad säger du? Är hon inte .... ?
6. Ingrid: Nej, ... är bara Malin och Kerstin.

VII. Tragen Sie in die Landkarte die noch fehlenden Ländernamen ein.

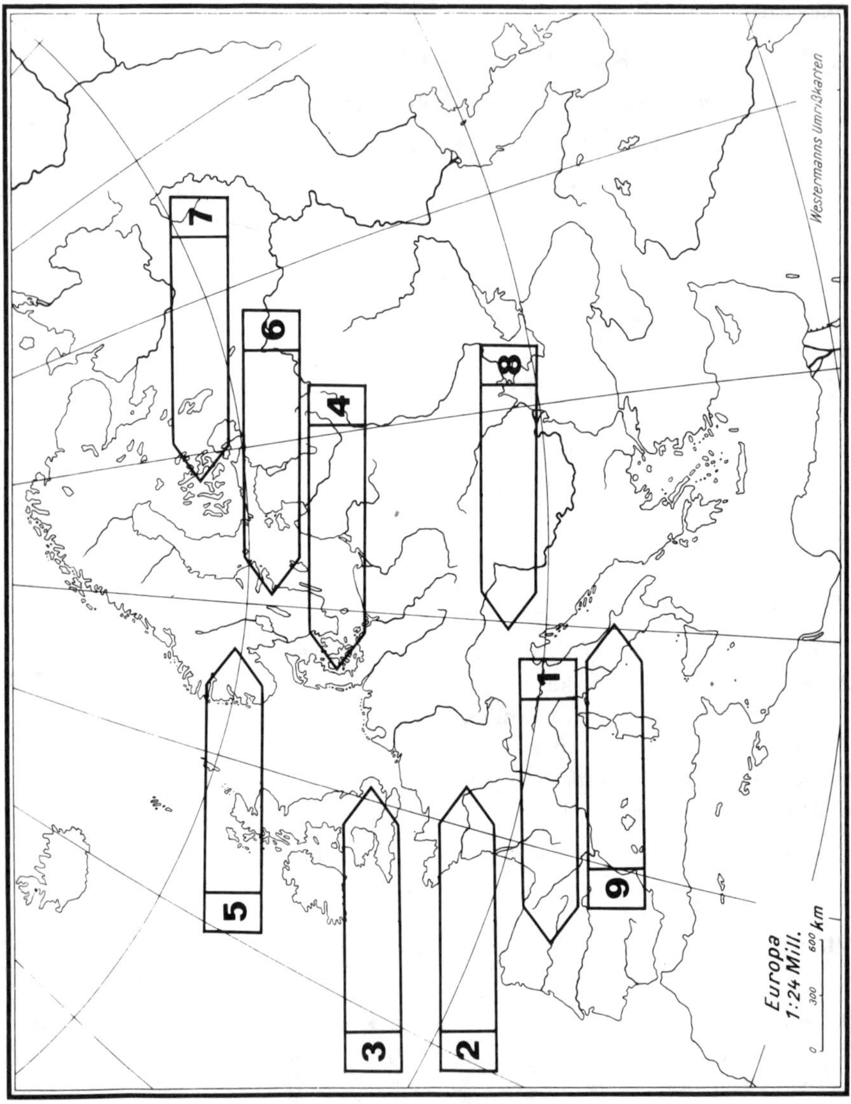

VIII. Setzen Sie in den folgenden Sätzen das entsprechende Personalpronomen ein.

Beispiel: Är Mike svensk? Nej, ...han... är engelsman.

1. Är Katarina norska?	Nej, ... är svenska.
2. Är Petra svenska?	Nej, ... är tyska.
3. Är Åke svensk?	Ja, ... är svensk.
4. Är du tysk?	Ja, ... är tysk. (Nej, ...)
5. Varifrån är Sebastian och Petra?	.... är från Tyskland.
6. Sebastian och Petra, varifrån är ni?	.... är från Tyskland.

Lektion 2

I. Unterstreichen Sie jeweils die zutreffende Aussage:

1. Lotta tömmer askfatet
2. Lotta diskar
3. Lotta klipper gräsmattan
4. Lotta städar

1. Herr Andersson diskar
2. Herr Andersson syr
3. Herr Andersson tvättar
4. Herr Andersson klipper gräsmattan

1. Fru Andersson handlar
2. Fru Andersson lagar bilen
3. Fru Andersson diskar
4. Fru Andersson läser tidningen

II. Setzen Sie die richtige Personalendung ein:

Herr A.:	Tack för kaffet.
Lotta:	Tack mamma. Jag disk...............
Fru A.:	Jag går och handl.............
Herr A.:	Var är tidningen?
Fru A.:	Typiskt! Vi jobb......... och du läs......... tidningen.
Herr A.:	Jag gör en massa saker, jag också.
	Jag klipp......... gräsmattan, lag.......... bilen...
Lotta:	Mamma lag....... mat, städ........., tvätt........., sy..........
Herr A.:	Stopp! Jag tömm......... askfatet också.

III. Hier sind die Fragen zu beantworten:

Beispiel: Vem handlar? *Det gör fru Andersson*

1. Vem diskar?
2. Vem tömmer askfatet?
3. Vem tvättar?
4. Vem lagar bilen?
5. Vem lagar mat?
6. Vem hjälper fru Andersson?
7. Vem syr?

IV. Bilden Sie mit Hilfe der Wörter und Zeichnungen Fragen und Antworten:

Beispiel: *Diskar fru Andersson?*
Nej, det gör hon inte. Hon lagar mat.

1. (Klippa gräsmattan)?

2. (Tömma askfatet)?

3. (Laga bilen)?

4. (Handla)?

5. (Läsa tidningen)?

V. Ergänzen Sie die fehlenden Wochentage:

Jag tänkte på måndagen
jag skulle på .... att du skulle på ....
gå till dig på .... komma till mig på ....
och säga åt dig på .... och dricka kaffe på ....

VI.

söndag	måndag	tisdag	onsdag	torsdag	fredag	lördag
15	16	17	18	19	20	21
pappa	Eva & Kerstin	Bo	Anders	Lena	Malin Per	Karin

Beantworten Sie die Fragen:

Beispiel: När kommer pappa? *Han kommer på söndag.*

1. När kommer Lena?
2. När kommer Eva och Kerstin?
3. När kommer Karin?
4. När kommer Bo?
5. När kommer Malin och Per?
6. När kommer Anders?

VII. Hier ist nach der Person gefragt, die kommt:

Beispiel: Vem kommer på torsdag? *På torsdag kommer Lena.*

1. Vem kommer på fredag?
2. Vem kommer på måndag?
3. Vem kommer på söndag?
4. Vem kommer på lördag?
5. Vem kommer på tisdag?
6. Vem kommer på onsdag?

Lektion 3

I. Bilden Sie Sätze und verwenden Sie dazu die Wörter in den Kreisen!

Herr Andersson
banken
bilplatsen
hotellrummet
familjen Andersson

klockan 3
en resa
300 kronor
inte billig
pengar

är
planerar
stänger
kostar
tar ut

II. Hier handelt es sich darum, die richtige Form des Adjektivs auszuwählen.

1. Bilen är inte billig/billigt.
2. Maten är billig/billigt.
3. Flygfåtöljen är bekväm/bekvämt.
4. Det är bekväm/bekvämt att åka tåg.
5. Flyget är dyr/dyrt.
6. Resan är dyr/dyrt.

III. Ergänzen Sie den bestimmten Artikel:

1. Klocka.... är halv fem.
2. Jag går till bank.... och tar ut pengar.
3. Resa.... kostar mellan 5000 och 6000 kronor.
4. Hotellrum.... kostar 300 kronor per natt.
5. Flyg.... kostar 2000 kronor.
6. Mat.... går på ca 1000 kronor.
7. En bilplats på färja.... är inte billig.
8. Familjen Andersson tar tåg.... .

IV.

1. Vad är klockan?

   Den är ....

2. Vad är klockan?

   Den är ....

3. Vad är klockan?

   Den är ....

4. Vad är klockan?

   Den är ....

5. Vad är klockan?

   Den är ....

6. Vad är klockan?

   Den är ....

V. Was gehört zusammen?

a. tåget
b. banken
c. hotellrummet

1. kostar 300 kronor per natt
2. går klockan halv tolv
3. stänger klockan 3

a. Det tar en hel dag
b. Det tar bara 15 minuter
c. Det tar bara två timmar

1. att åka bil till Frankfurt
2. att flyga till Frankfurt
3. att gå till Centralen

VI. Ergänzen Sie die fehlenden Sätze sinngemäß:

Herr Andersson: Jag går till banken och tar ut pengar.
Fru Andersson: Hur mycket behöver vi?
Herr Andersson: Mellan 5000 och 6000 kronor.
Fru Andersson: Vi kan ta bilen. Det kostar inte så mycket.
Herr Andersson: Men en bilplats på färjan är ganska dyr.

Sven: När går tåget?
Åke: Det går klockan halv tolv.

Sven: Vad är klockan?
Åke: Den är kvart över elva.

VII. Ergänzen Sie die fehlenden Fragewörter:

woher — was / wie — wann — wie — wer, wem, wen

Sie haben die Auswahl zwischen varifrån — vad — när — hur — vem

1. Vad är det på TV? — En film av Ingmar Bergman.
2. När tvättar Lena? — Hon tvättar på lördag.
3. Varifrån kommer du? — Jag kommer från Umeå.
4. Vad heter du? — Jag heter Mats.
5. Hur långt är det till Centralen? — Fem minuters väg.
6. Hur mycket är klockan? — Den är halv fem.
7. Vad gör Erik? — Han klipper gräsmattan.
8. När kommer Janne? — Han kommer klockan sex.
9. Vem städar? — Det gör vi alla.

VIII.

Vi äter på färjan

tåget går kl 6.

Jag går till banken

Lasse äter i restaurangvagnen

Hotellrummet är dyrt.

klockan är två.

Vi tar bilen

flyget kostar 2000:–

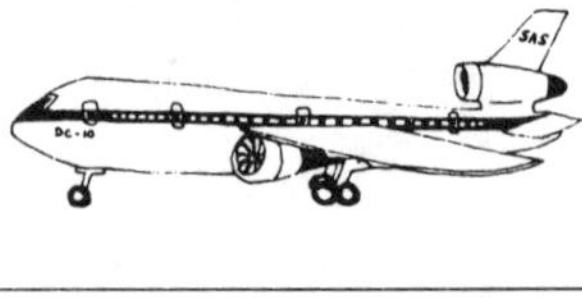

IX. Beachten Sie die verschiedenen Bedeutungsnuancen von „ta":

Ergänzen Sie die Textlücken unten. Die Beispiele sollen dabei helfen.

Beispiele:
a. Jag *tar ut* 3000 kronor.
b. Det *tar* en hel dag.
c. Vi *tar* tåget.

1. .... bara två timmar med flyg.
2. .... tvåhundra kronor.
3. .... båten.
4. Pappa går till banken och .... pengar.
5. .... bara fem minuter till Centralen.
6. Jag flyger, men Barbro .... tåget.

Lektion 4

I.

Tragen Sie in die leerstehenden Fächer die Namen der Nahrungsmittel ein und nehmen Sie dabei untenstehende Angaben zu Hilfe:

1. Teet hittar ni mellan chokladen och kaffet.
2. Marmeladen hittar ni bakom chokladen.
3. Brödet hittar ni bakom kaffet.
4. Saften finns mellan marmeladen och brödet.
5. Smöret hittar ni där borta bakom marmeladen.
6. Mjölken finns bredvid smöret.
7. Osten finns till höger om mjölken.
8. Korven hittar ni till vänster om köttet.
9. Fisken hittar ni bakom korven.
10. Frukten finns där borta bakom fisken.
11. Tomater finns bredvid frukten.
12. Sockret och saltet hittar ni till höger.

II. Einsetzübung:

Torsten: Vi köper olika ostsort...........
Inger: Vi behöver räk............ också.
Torsten: Räcker det med två pås .... ?
Inger: Ja, det gör det. Kan du hämta bröd där borta? Vi behöver tre paket.... knäckebröd och två limp....... Jag hämtar apelsin....... .

(Till expediten:)

Förlåt, var finns frukt?

Exped.: Där framme bakom mjölken. Äpple..... är mycket billiga just nu.
Torsten: Har vi vin hemma?
Inger: Nej, det har vi inte. Vi kan gå till Systemet sedan och köpa två eller tre flask......... .

III. Bilden Sie den Plural zu folgenden Substantiven:

1. en kassa
2. en tändsticka
3. en vindruva
4. en färja
5. en påse
6. en bil
7. en vagn
8. en tidning
9. en apelsin
10. en bank
11. en sort
12. en tältplats
13. ett äpple
14. ett frimärke
15. ett plommon
16. ett askfat
17. ett tåg
18. ett hotell

IV. Fragen zum Text. Beantworten Sie sie schriftlich!

1. Karin och Lasse handlar. Vad behöver de?
2. Vart går de?
3. Vad tar de vid ingången?
4. De hittar inte osten. Vem frågar Karin?
5. Vad hämtar Karin?
6. Vad tar de i stället för räkor?
7. Dricker Janne och Barbro också vin?
8. Kan de köpa vin i snabbköpet?
9. Vad kostar alltsammans?

finden holen reichen brauchen

V. Hitta – hämta – räcka – behöva

Setzen Sie die Verben an der richtigen Stelle ein:

1. Kan du .... två påsar räkor?
2. Det .... med ett paket knäckebröd.
3. Förlåt, vi ..hitta.. inte kaffet. Var finns det?
4. Vi .... två flaskor vin. Janne och Barbro kommer i kväll.
5. Jag går och .... posten.
6. Vi har två liter mjölk, men det .... inte.
7. Var är brödet? Jag .... det inte.
8. 5000 kronor? .... vi så mycket pengar?

VI. Vad kostar det?

Det kostar 11:60 elva och sextio (= elva kronor och sextio öre)

13:75
68:55
27:70
18:10
73:20
59:99
14:85
44:36

Lektion 5

I. Fragen zum Text: Beantworten Sie sie schriftlich.

1. Varifrån ringer Anders?
2. Vilket telefonnummer har Bo?
3. Var bor Bo?
4. Kan Bo hämta Anders?
5. Var köper Anders biljetten?
6. Var går Anders av tunnelbanan?
7. Bor Bo på nedre botten?
8. När kan Anders vara där?
9. Vilket nummer ringer man när man behöver brandkåren?

II. Wählen Sie unter den verschiedenen Möglichkeiten das Richtige aus:

1. T-Centralen är
   - mycket långt från SJ-Centralen.
   - bara ett stenkast från Östgötagatan.
   - bara ett stenkast från SJ-Centralen.
   - vid Medborgarplatsen.

2. Anders tar tunnelbanan
   - norrut
   - österut
   - västerut
   - söderut

3. Bo bor
   - fem trappor upp
   - en trappa upp
   - två trappor upp
   - på nedre botten

4. Anders kan vara där
   - tio minuter i tre
   - precis klockan tre
   - tio minuter över tre
   - vid tretiden

5. Med biljetten kan Anders åka fram och tillbaka inom
   - 2 timmar
   - 24 timmar
   - 12 timmar
   - 1 timme

6. Vid Medborgarplatsen
   - byter Anders till bussen
   - stiger Anders av bussen
   - stiger Anders på tunnelbanan
   - går Anders av tunnelbanan

III. Setzen Sie die fehlenden Sätze ein:

Bo: 711 68 15.
Anders: ....
Bo: Det är jag.
Anders: Hej, det är Anders. Jag är här på Centralen.
Bo: Hej, och välkommen! – Eva har bilen, så ....
Anders: Jag tar tunnelbanan eller bussen. ....?
Bo: Du går till T-Centralen och tar tunnelbanan söderut. Gå av vid Medborgarplatsen.

IV. Verwandeln Sie die untenstehenden Sätze in Imperativ-Sätze wie im Beispiel:

Han tar en inköpsvagn vid ingången.
a. *Ta en inköpsvagn vid ingången!*
b. *Var snäll och ta en inköpsvagn!*

1. Anders lyfter av luren.
2. Han slår numret.
3. Han går till T-Centralen.
4. Han tar tunnelbanan söderut.
5. Han korsar Kocksgatan.
6. Han köper en biljett.
7. Han passerar spärren.
8. Han lagar mat.
9. Han tömmer askfatet.
10. Hon klipper gräsmattan.
11. Hon läser tidningen.
12. Hon hjälper Sven.

V. Ergänzen Sie die Sätze nach folgendem Muster:

Herr Andersson säger: Tryck på knappen! *Han vill att jag trycker på knappen.*

1. Konduktören säger: Fortsätt bakåt!
2. Herr Svensson säger: Ring 90000!
3. Pia säger: Slå numret!
4. Lotta säger: Töm askfatet!
5. Polisen säger: Stanna!
6. Anna säger: Klipp gräsmattan!
7. Patrik säger: Ta tunnelbanan!

VI. Übung zu den Präpositionen:

1. Anders kommer .... Stockholm.
2. Han ringer .... sin vän Bo.
3. T-Centralen är bara ett stenkast .... SJ-Centralen.
4. Anders går .... vid Medborgarplatsen.
5. Han kan vara där .... tretiden.
6. .... spärren köper han en biljett.
7. .... några minuter är han framme.

Präpositionen zur Auswahl: i – av – till (2) – från – vid – efter

VII. Unterstreichen Sie das Zutreffende:

Ring 90000

om du behöver

1. brandkår
2. taxi
3. läkare
4. städhjälp
5. hemsamarit
6. polis
7. pianolektioner
8. platsbiljett på tåget
9. ambulans
10. turistinformation

Lektion 6

I. Fragen zum Text:

1. Vad ger de på Dramaten?
2. Var spelar Stockholms symfoniorkester?
3. Var går Bergmans film Höstsonaten?
4. Vad gör Bo, Eva och Anders efter middagen?
5. Hur många invånare har Stor-Stockholm?
6. Vad kan man se på Wasamuseet?
7. Var ligger slottet?
8. Hur åker man mellan Stor-Stockholms olika delar?

DAGENS BIOPROGRAM

SANDREWS

VICTORIA 1-2-3-4-5
Götg. 67. T. 420100. K. ö. 11.30
Heta prylar *Dom DeLuise*
1, 3, 5, 7 och 9. BF. *Färg.*

Björnön *Alistair MacLeans*
12.30, 2.45, 6.30 och 8.45. BF.

Charlotte Löwensköld
12.15 o. 2.30. Fr. 11år! *S Lagerlöfs*

Kärlekens slaveri
6.15 och 8.15. BF.

Barnförbjudet *Bergenstråhles*
12, 2, 4, 6 och 8. Barntillåten

The Deer Hunter BF.
1.15, 4.30 o. 7.45. *Robert De Niro*

CINEMA B. Jarlsg. 41, K. ö. 2
3, 5, 7 och 9. T. 101300. BF.
Jack Nicholson-serie. Sista dagen!
Easy Rider

SANDREW 1-2-3
Kungsg. 37. T. 101020. K. ö. 11.30.
Heta prylar *Dom DeLuise*
1, 3, 5, 7 och 9.15. BF. *Färg*

Björnön *Alistair MacLeans*
12, 2.15, 4.30, 6.45 och 9. BF.

Kina Syndromet *Jane Fonda*
12.15, 2.30, 6.15 och 8.30 Fr 11 år!

GRAND 1-2-3
Sveav. 45. T. 112400. K. Ö. 11.30
Barnförbjudet *Bergenstråhles*
12.30, 2.30, 4.30, 6.30, 8.30. Btill.

Ett liv för oss *Lelouchs*
12, 2.15, 4.30, 6.46 o. 9. BF.

Gökboet *Jack Nicholson.* BF.
12.15, 2.45, 6.15 o. 8.45 *Formans*

ASTORIA Nybrog. 15. K. ö. 12
1, 3.15, 7 o. 9.15. T. 600025
D Sutherland i Alistair MacLeans
Björnön BF. *V Redgrave*

KISTA BIO 1-2-3
Kista Centrum 7515400 K. ö. 11.30
Björnön *Alistair MacLeans*
12, 2.15, 4.30, 6.45 och 9. BF.

Jakten efter guldskatten
12.30, 2.30 och 4.30. Btill. 10 kr!

Stjärnsmällen *B Streisand*
6.30 och 8.30. Från 11 år!

Tom & Jerry i toppform
12, 2 och 4. Btill. Alla pl. 8 kr!

Kärlekens slaveri
6 och 8. BF. *N Michalkovs.*

EUROPA FILM

SAGA Kungsg. 24. Bfbj. K. ö. 12
Telefon 202057, 202058
12.30, 3.30, 6.30 och 9.15
Marlon Brando i Francis Coppolas
Apocalypse
70 mm. *Färg.* 6-kanal Stereo

II. Übung zur Wortstellung. Setzen Sie die Zeit- bzw. Ortsangabe an den Satzanfang!

Beispiel: Herr Svensson kommer *i morgon. I morgon kommer Herr Svensson.*

1. Stockholms symfoniorkester spelar *i morgon kväll.*
2. Det är ingen föreställning *i kväll.*

3. Vi ska göra en rundtur *efter maten.*
4. Många människor bor *i förorterna.*
5. Man kan åka med tåg, buss, tunnelbana eller båt *mellan Stockholms olika delar.*

III. Was gehört zusammen?

a. I konserthuset	1. ger de Strindbergs Drömspel
b. På Skandia	2. spelar Stockholms symfoniorkester
c. På Dramaten	3. går Ingmar Bergmans film Höstsonaten

a. I Gamla Stan	1. finns djur från olika delar av landet
b. På Wasamuseet	2. finns många hus från medeltiden
c. På Skansen	3. kan man se en båt från 1600-talet

a. Kan du rekommendera	1. tre biljetter till kvällens konsert?
b. Kan jag få beställa	2. biljetterna före klockan halv åtta?
c. Kan ni hämta	3. något bra hotell eller pensionat?

IV. Die in Klammer stehenden Zahlen bezeichnen den Monat. Ersetzen Sie sie durch den Monatsnamen.

Beispiel: Vi ska resa i ..juli... (7)

1. De ska komma i .... (10)
2. Han ska komma i .... (5)
3. Vi kommer att köpa huset i .... (1)
4. Semestern börjar i .... (6)
5. Lena ska åka till Kiruna i .... (3)
6. Vi ska cykla till Värmland i .... (8)
7. Jag kommer att flyga till Amerika i .... (12)

V. Verwenden Sie das Pronomen, das die kursiv gedruckten Wörter vertritt.

1. *Biljetterna* kostar 50 kronor styck, Bo tar ....
2. Anders hälsar på *Eva* och ger .... en bukett blommor.
3. Eva tackar *Anders* och ger .... en kram.
4. Bo: *Eva och jag* tycker att det är dyrt att bo på hotell. Du bor hos ....!
5. Anders: Det är mycket bussigt av (*dig och Eva*) ....

VI. Finden Sie die passende Präposition!

1. Bo: Vad ska ni göra .... kväll?
2. Anders: Jag skulle vilja gå .... teater eller konsert.
3. Bo ser .... i tidningen.
4. Bo: På konserthuset spelar de en symfoni .... Franz Berwald.
5. Bo ringer .... konserthusets biljettkontor.
6. Bo: Jag skulle vilja ha två biljetter .... kvällens konsert.
7. Röst: Vi har två .... femtonde bänk.
8. Bo: Du bor .... oss!
9. På Skansen finns djur .... olika delar .... landet.
10. Slottet ligger .... Gamla Stan.

VII. Wie ist die Pluralform der in Klammer stehenden Wörter?

1. Bo beställer tre (biljett) ....
2. Stockholms kommun har 660000 (invånare) ....
3. Många bor i (förort) ....
4. På Skansen finns (hus) .... och (djur) .... från olika (del) .... av landet.
5. I Gamla Stan finns många (gränd) .... från medeltiden.
6. Staden har många (museum) ....
7. Anders ger Eva en bukett (blomma) ....

Lektion 7

I. Was gehört zusammen?

a. På nedre botten
b. En trappa upp
c. Två trappor upp

1. är herr och fru Svenssons sovrum
2. bor Gisela
3. finns tamburen, köket och vardagsrummet

a. Pippis skor
b. Pippis näsa
c. Pippis hår

1. har samma färg som en morot
2. är dubbelt så långa som hennes fötter.
3. har samma fason som en mycket liten potatis.

a. Jag har utsikt över
b. Jag har tillgång till
c. Herr Svensson kör mig till

1. busshållplatsen
2. trädgården
3. kök och bad

II. Fragen zum Text:

1. Till vem skriver Gisela?
2. Skriver hon på tyska?
3. Vad ser man på kortet?
4. Var ligger köket?
5. Var finns herr och fru Svenssons sovrum?
6. Vem bor två trappor upp?
7. Hur många barn har Svenssons?
8. Hur gamla är de?
9. Vem kör Gisela till busshållplatsen?
10. Vad gör Gisela på kvällen när föräldrarna är borta?
11. Var bor Pippi Långstrump?
12. Hur gammal är hon?
13. Bor hon hos sina föräldrar?

III. Hier ist das Adjektiv in der jeweils entsprechenden Form einzusetzen:

1. rolig, roligt, roliga
   Pippi Långstrump är en mycket .... bok.
   Eva läser bara .... böcker.
   Pippi har ett .... utseende.

2. trevlig, trevligt, trevliga
   Jag har ett .... kök.
   Eva är en .... flicka.
   Hon har också många .... vänner.

3. gammal, gammalt, gamla
   Pippi bor i ett .... hus.
   Huset ligger i en .... trädgård.
   I Gamla Stan finns många .... hus från 1600-talet.

4. liten, litet, små
   På Pippis axel sitter en .... markatta.
   Kerstin har ett .... barn på 5 år.
   Svenssons har två .... barn på 5 och 7 år.

5. stor, stort, stora
   Jag bor i ett .... vindsrum.
   I Stockholms city finns många .... varuhus.
   På nedre botten är en .... tambur.

IV. Bilden Sie den Plural. (Verwenden Sie beliebige Zahlen.)

Beispiel: Ett svenskt brev. *Två svenska brev.*

1. En lång vecka.
2. En rolig bok.
3. Ett gammalt hus.
4. Ett stort vindsrum.
5. En vacker trädgård.
6. En liten potatis.
7. En brun strumpa.
8. En svart sko.
9. En gul jacka.
10. En vit halmhatt.
11. Ett rött äpple.
12. En grön påse.
13. En stor limpa.
14. En sur apelsin.

V. Versuchen Sie, zu den Substantiven ein passendes Adjektiv zu finden:

1. En .... trädgård.
2. Ett .... hus.
3. En .... mun.
4. .... tänder.
5. .... skor.
6. .... byxor.
7. En .... dam.
8. En .... bok.

VI. Hur ser Pippi ut?

Hennes hår har samma färg som en morot. Hennes näsa har samma fason som en mycket .... potatis. Under näsan sitter en .... mun med ...., ... tänder. På hennes ...., ... ben sitter ett par .... strumpor, den ena .... och den andra .... Och så har hon ett par .... skor som är precis dubbelt så .... som hennes fötter. På hennes axel sitter en .... markatta, klädd i .... byxor, ... jacka och .... halmhatt.

Adjektive zur Auswahl:
bred, liten, svart, brun, blå, gul, frisk, lång, smal, vit

VII. Präpositionen. Wählen Sie die richtige aus!

1. Jag skriver .... svenska.
2. Här bor jag .... tre veckor tillbaka.
3. De har två barn .... 5 och 7 år.
4. Jag bor i ett stort vindsrum med utsikt .... parken.
5. Jag har tillgång .... kök och bad.
6. Herr Svensson kör mig .... busshållplatsen.
7. Jag läser .... barnen ur Pippi Långstrump.
8. .... Pippis näsa sitter en verkligen bred mun.
9. .... hennes axel sitter en liten markatta.

På (3), för, sedan, över, till (2), under

VIII. Tragen Sie hier die Bezeichnungen der Räume in Svenssons Haus ein!

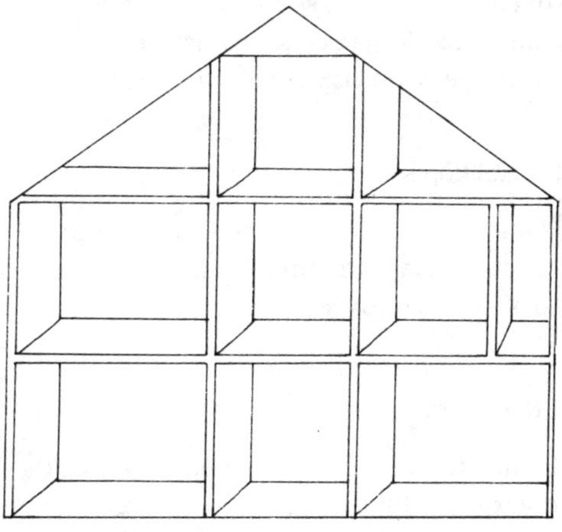

Lektion 8

I. Setzen Sie die bestimmte Form ein!

1. I Dalarna finns många barrskogar. Barrskogar.......... är mycket stora.
2. I Dalarna finns också många gruvor. I gruvor.......... bryter man malm och andra metaller.
3. Mora, Leksand och Rättvik är kända turistorter. På turistorter.......... kan man köpa hemslöjd, t. ex. dalahästar.
4. Det finns över 500 campingplatser i landet. Campingplatser........... känner man igen på den här skylten: 
5. Det finns också sommarstugor att hyra. Sommarstugor.......... kostar mellan 500 och 900 kronor i hyra.
6. Svenska turistföreningen har ca 200 vandrarhem. Vandrarhem......... är öppna för alla.
7. Fru Svensson handlar apelsiner och äpplen i snabbköpet. Apelsiner......... kostar 15 och äpplen.......... 13 kronor kilot.

II. Hur ser Pippi Långstrump ut? Setzen Sie die bestimmte Form des Substantivs ein:

(flätor) .... står rätt ut. (tänder) .... är friska och vita. (ben) .... är långa och smala. (strumpor) .... är långa. (skor) .... är svarta. De är precis dubbelt så långa som (fötter) ....

I Snabbköpet.

(äpplen) .... är inte lika billiga som i går. (apelsiner) .... ser bra ut. Vad kostar (plommon) .... där borta? (räkor) .... hittar du där borta. Ge mig (påsar) .... !

Stockholm

I (förorter) .... bor många av Stockholms invånare. (barn) .... tycker mycket om (djur) .... på Skansen. (gränder) .... i Gamla Stan är mycket smala. (förbindelser) .... mellan Stockholms olika delar är bra. (hotell) .... är dyra.

III. Was gehört zusammen?

a. På sommaren	1. kan man åka skidor
b. På vintern	2. kan man plocka svamp
c. På hösten	3. kan man plocka tussilago
d. På våren	4. kan man bada

a. Dalarna är	1. ett land
b. Falun är	2. en sjö
c. Sverige är	3. ett landskap
d. Siljan är	4. en stad (en kommun)

IV. Präpositionen. Versuchen Sie, die richtigen zu finden!

1. .... Dalarna finns stora barrskogar.
2. Siljan ligger mitt .... Dalarna.
3. På båda sidor .... älven är det slättmark.
4. Falu koppargruva är en gruva .... 1100-talet.
5. Dalkarlarna hjälpte Gustav Vasa att göra Sverige fritt .... 1500-talet.
6. Vasaloppet är en skidtävling .... 1000-tals deltagare.
7. .... sommaren åker många till Dalarna.
8. På vandrarhemmen har du tillgång .... kök.

V. Setzen Sie die passenden Verben ein.

1. Dalälven .... landskapet sitt namn.
2. I gruvorna .... man malm och andra metaller.
3. Det .... över 500 campingplatser i landet.
4. Du kan också .... sommarstugor.
5. Du .... med porslin och kokkärl till vandrarhemmet.
6. Campingplatserna .... du igen på den här skylten: 

bryta – finnas – ge – hyra – känna – ta

VI. Bilden Sie Fragen zu folgenden Sätzen:

1. ....? Det finns över 500 campingplatser.
2. ....? Den heter Falun.
3. ....? Den ligger mitt i Dalarna.
4. ....? De heter Falun och Borlänge.
5. ....? Det var dalkarlarna.
6. ....? Det är en stor skidtävling.
7. ....? Nej, det ska du ta med till vandrarhemmet.
8. ....? Jag läser en rolig svensk bok.

Zur Auwahl: vad – vem – var – hur många

VII. Någon – något – några

Beispiel: Finns det något vandrarhem här?

1. Finns det .... sjö här?
2. Finns det .... campingplats i närheten?
3. Har ni .... stugor att hyra?
4. Finns det .... skidtävling i Dalarna?
5. Har ni .... rum att hyra? (Sg. oder Pl.)
6. Kan ni rekommendera .... rolig bok?
7. Finns det .... billiga äpplen?

VIII. Ingen – inget – inga

Beispiel: Här finns inga campingplatser.

1. Här finns .... toalett.
2. Jag har .... kokkärl. (Pl.)
3. Vi behöver .... lakan (Pl.). Vi har ju sovsäckar.
4. Här har vi .... skidtävlingar.
5. Vi har .... böcker. Vi har bara TV.
6. Det finns .... vandrarhem (Sg.) i närheten.
7. Jag har .... tillgång till bad och kök.
8. Anderssons har .... barn.

Lektion 9

I. Übung zum Possessivpronomen der dritten Person.

1. Sven och Karin reser till Amerika i sommar. Åke och Margareta tar hand om .... barn. (= Svens och Karins barn.)
2. Föräldraledigheten ger pappan en bra kontakt med .... barn.
3. Så här ser Pippi ut. .... hår har samma färg som en morot. På .... långa, smala ben sitter ett par långa strumpor, den ena brun och den andra svart.
4. Göran är 32 år. Han och .... fru bor i ett radhus i Huddinge.
5. Görans fru är barnläkare. Hon älskar .... patienter.
6. Göran vill själv ta hand om .... pojke.
7. Karin och Janne kan inte komma i kväll. .... flicka är sjuk.
8. Karin ringer till .... väninna Barbro.

II. Hier fehlt das Possessivpronomen:

Här ser du Göran och Gunnel och .... pojke. Han heter Mikael och är bara sex månader. .... mamma talar i telefon. En av .... patienter är mycket sjuk. .... pappa byter blöjor på honom.

III. Wechsel der Perspektive

Beispiel: Barbro: *Vår* flicka är sjuk. Karin till sin man: Deras flicka är sjuk.

1. Barbro: *Mina* barn är på daghemmet. Karin till sin man: .... barn är på daghemmet.
2. Barbro: *Min* man tar ledigt från jobbet. Karin till sin man: .... man tar ledigt från jobbet.
3. Janne: *Min* fru arbetar till klockan åtta. Karin till sin man: .... fru arbetar till klockan åtta.
4. Janne: *Vår* bil går inte. Karin till sin man: .... bil går inte.
5. Janne: Vi ska hämta *våra* barn. Karin till sin man: De ska hämta .... barn.

6. Barbro: Jag ska tvätta *min* bil.	Karin till sin man: Hon ska tvätta .... bil.
7. Barbro: Vi ska sälja *vår* sommarstuga.	Karin till sin man: De ska sälja .... sommarstuga.

IV. Nochmals Verb-Endungen. Verwenden Sie das Verb, das in Klammer steht:

En del pappor (säga) .... att deras chefer inte tycker om att de stannar hemma.
Göran och hans fru (bo) .... i ett radhus i Huddinge.
Vi (träffa) .... Göran på torget där han (dra) .... en barnvagn.
Görans fru är barnläkare. Hennes patienter (behöva) .... henne.
Därför (stanna) .... Göran hemma. Ibland är det rätt jobbigt.
Han (hinna) .... inte med någonting annat.

V. Präpositionen

Det finns en lag .... delad föräldraledighet. Den ger alla pappor rätt att ta ledigt .... jobbet. En del tycker att kvinnan ska vara hemma och ta hand .... hushåll och barn.
Göran och hans fru bor .... ett radhus i Huddinge. De har en liten pojke .... sex månader. Vi träffar Göran .... torget. Han säger: Ibland är det rätt jobbigt och man hinner inte .... någonting annat, böcker och tidningar t. ex. -Varför tar inte din fru ledigt .... jobbet? frågar vi. – Hon är barnläkare. Man delar ju .... matlagning, städning och allt, varför ska man då inte dela .... föräldraledigheten också?

på – från – om – i – med (einige Präpositionen müssen mehrfach verwendet werden)

VI. Ein unvollständiges Telefongespräch ist zu ergänzen.

Karin:	36 56 08.
Barbro:	....
Karin:	Hej, Barbro. Hur mår du?
Barbro:	Tack, ... Jag är ledsen, Karin, men vi kan nog inte komma i kväll. ....
Karin:	Så tråkigt. Är hon mycket sjuk?
Barbro:	Hon har feber. Doktorn kommer strax.
Karin:	....

Barbro: Det hoppas vi också. Ha det så trevligt i kväll!
Karin: Tack snälla du. .... !
Barbro: Tack, det ska jag göra. Hej då!
Karin: Hej!

Lasse: Vad säger hon?
Karin: De kan inte komma. ....

VII. Unterscheiden Sie zwischen just nu – strax – snart:

a. Doktorn kommer om fem minuter. Han kommer *strax.*
b. Våren är här om några veckor. Den kommer *snart.*
c. Det ringer på dörren. Doktorn är här. Han kommer *just nu.*

1. Lena är sjuk. Jag hoppas att hon blir bra ....
2. Vill du ha en smörgås? Nej tack, ... är jag inte hungrig.
3. Stäng dörren! Tåget går ....
4. .... kommer sommaren. Vi ska resa till Dalarna.
5. Chefen är på lunch ....
6. Men han kommer ....

VIII. Einsetzübung:

Sedan några år finns en .... om delad föräldraledighet. Den ger alla pappor .... att ta ledigt från jobbet. En del pappor anser att kvinnan ska vara hemma och ta .... om hushåll och barn. Göran och hans fru bor i ett .... i Huddinge. Göran är .... Hans fru är .... Mikael behöver henne, men det gör hennes .... (Pl.) också!

patient – hand – radhus – lag – barnläkare – rätt – tjänsteman

IX. Jahreszahlen

1936 liest man „nittonhundratretti(o)sex"
„Im Jahr 1936" wird im Schwedischen ohne Präposition gebildet: *år 1936* oder einfach *1936.*

Schreiben Sie folgende Jahreszahlen: 1984 – 1816 – 1777 – 1618 – 1927 – 1968 – 1474 – 1305 – 1979 – 1500 – 1937.

Lektion 10

I. Was gehört zusammen? Bilden Sie Sätze nach folgendem Muster:

Beispiel: snabbköpet – handla mat *I snabbköpet kan man handla mat*

a. på posten	1. köpa flygbiljetter
b. i tvättinlämningen	2. lämna sina barn
c. i skötrummet	3. äta lunch eller middag
d. på restaurangen	4. köpa frimärken
e. på resebyrån	5. byta blöjor
f. i barnparkeringen	6. lämna in kemtvätt

II. Vart går man när man ....

1. .... ska sköta sitt barn?	Man går till ....
2. .... ska köpa frimärken?	Man går till ....
3. .... ska flyga till Mallorca?	Man går till ....
4. .... ska lämna in kemtvätt	Man går till ....
5. .... ska lämna sina barn?	Man går till ....

III. Hier folgt noch einmal das gleiche Gedicht im Präsens. Geben Sie ihm seine ursprüngliche Zeitform wieder. (Ersetzen Sie „Idag" durch „I går".)

Idag är vi i stan
mamma och jag
Vi handlar
Vi köper ett par byxor
Vi köper ett par skor
Vi åker tunnelbana
Vi köper en randig tröja åt Per
Vi är på banken

Vi ser en farbror
som är halt
och inte kan gå upp på trottoaren själv
Vi köper en köksklocka
Jag sitter i en stol
när mamma provar tre klänningar
(..........)

IV. Versuchen Sie sich an Lektion 2 und 7 zu erinnern und bilden Sie das Imperfekt:

1. I det gamla huset bor Pippi Långstrump. 2. Så här ser hon ut. 3. Hennes hår är flätat i två hårda flätor. 4. Under näsan sitter en verkligen bred mun med friska, vita tänder. 5. Hon har ett par långa strumpor, den ena brun och den andra svart.

In der Familie Andersson streitet man darüber, wer was getan hat. Das Gespräch bezieht sich auf den Vortag.

1. Lotta: Jag diskar. 2. Fru Andersson: Jag handlar, lagar mat, städar, tvättar och syr. 3. Herr Andersson: Jag klipper gräsmattan, lagar bilen och tömmer askfatet.

V. Schreiben Sie die folgenden Geldbeträge in Buchstaben:

Beispiel: 357:– *trehundrafemtiosju*

a. 276:–	c. 444:–	e. 711:–	g. 66:–
b. 77:–	d. 922:–	f. 885:–	h. 127:–

VI. Füllen Sie die Lücken aus, indem Sie die in Klammer stehenden Substantive in den Plural setzen:

1. Mamma köpte ett par (en sko) ....
2. Vi behöver tre nya (en stol) ....
3. Pia provade tre (en klänning) ....
4. Du kan uträtta många (en sak) .... på varuhuset.
5. På Storgatan fanns det två (en bank) ....
6. Vi hittade två (en resebyrå) .... i närheten av Centralen.
7. Jag beställde tre (en platsbiljett) ....

VII. Eigenschaften.

1. Det är .... att gå på varuhuset.
2. Det är .... att handla på stan – säger mamma. ....! Jag tycker inte det.
3. Vi såg en farbror som var ....
4. Vi köpte en .... tröja åt Per.

randig(t) – bekväm(t) – konstig(t) – halt – rolig(t)

VIII. medan

Beispiel: Herr Andersson diskar. Hans fru klipper gräsmattan.
Medan herr Andersson diskar, klipper hans fru gräsmattan.

1. Jag sitter i en stol. Mamma provar tre klänningar.
2. Fru Svensson lagar mat. Hennes dotter Lotta tittar på TV.
3. Herr Svensson lagar bilen. Hans fru handlar i snabbköpet.
4. Herr Ekman klipper håret. Hans fru beställer glasögon.
5. Ulla-Britt köper en köksklocka. Anders byter blöjor på Patrik i varuhusets skötrum.
6. Herr och fru Svensson är på konsert. Gisela sitter barnvakt.

IX. Hier ist jeweils die entsprechende Zeitform des Verbs und die Zeitbestimmung einzusetzen.

Beispiel: Han (komma) kom i går (kl 7 på morgonen) morse

1. Han (komma) .... i övermorgon (kl 19) ....
2. Han (köpa) .... bilen i förrgår (kl 8 på morgonen) ....
3. Han (åka) .... hem i går (kl 19) ....
4. Vi (träffa) .... honom i morgon (kl 7 på morgonen) ....
5. Vi (se) .... en halt farbror (idag kl 6 på morgonen) ....
6. Vi (resa) .... (i dag kl 19) .... (*klockan är 8*)
7. Vi (resa) .... i morgon (kl 19) ....

Lektion 11

I. Was gehört zusammen?

a. På åkern växer det små granar.
b. I skogen jobbar de med maskiner och lastbilar.
c. Människorna handlar i snabbköpet i stan.
d. Familjen Jonsson ska hyra Lillbacka.

1. Förr i tiden jobbade de med hästar.
2. Förr i tiden växte där säd och potatis.
3. Förr i tiden bodde där Astrid Blom.
4. Förr i tiden handlade de i Jonssons Livs.

II. Bilden Sie Fragen:

1. ....? De heter Jonas och Hildur.
2. ....? I den gamla gården på andra sidan vägen.
3. ....? Vid forsen.
4. ....? Jonsson har inte så många att sälja saker till.
5. ....? Man handlar i det stora snabbköpet i stan.
6. ....? De stora maskinerna och lastbilarna gör hans jobb.
7. ....? Han spelar gitarr.
8. ....? En visa.

Fragewörter: Var – varför – vad – vem

III. Setzen Sie das fehlende Attribut in der entsprechenden Form ein:

1. Människorna i Forsbacka åker till det (stor/stort/stora) .... snabbköpet i stan.
2. Den (liten/litet/lilla/små) .... pojken vid Lillån spelar gitarr.
3. Den (gammal/gammalt/gamla) .... hästen heter Pålle.
4. De (stor/stort/stora) .... lastbilarna gör hans jobb nuförtiden.
5. Vad kostar de (röd/rött/röda) .... äpplena kilot?
6. Jag bor i det (liten/litet/lilla/små) .... huset.
7. De (liten/litet/lilla/små) .... granarna växte i långa rader.
8. Jag vill inte ha det (grön/grönt/gröna) .... äpplet, ge mig det (röd/rött/röda) .... i stället.

IV. Versehen Sie die Bilder unten mit der richtigen Unterschrift.

950000 sitter i en båt – 3,7 miljoner åker bil – 2,1 miljoner fiskar – 1,5 miljoner idrottar – 4,3 miljoner läser veckotidningar – 3,8 miljoner bor i villa – 1,3 miljoner har fritidshus – 5,1 miljoner hälsar på släkten

V. Ergänzen Sie die Sätze.

Beispiel: Pippis hus ligger i *en gammal trädgård.* Den gamla trädgården ligger i utkanten av en liten stad.

1. Pippi bor i *ett gammalt hus.* .... ligger i en stor trädgård.
2. På Pippis axel sitter *en liten markatta.* .... är klädd i blå byxor, gul jacka och vit halmhatt.
3. Gisela bor i *ett stort vindsrum.* .... ligger två trappor upp.
4. I Gamla Stan finns ett slott, gamla kyrkor och *gamla hus.* .... är från 1500-talet.
5. Vasaloppet är en *stor skidtävling.* .... går mellan Mora och Sälen.
6. Sedan några år finns *en ny lag.* .... ger papporna rätt att ta ledigt från jobbet.
7. Vi köpte två *randiga tröjor* åt Per. .... kostade bara 30 kronor.

VI. Setzen Sie die folgenden Sätze ins Imperfekt:

1. Hildur (stickar) .... och Jonas (läser) .... tidningen.
2. Familjen Lövgren (är) .... ute på en liten semesterresa.
3. Förr i tiden (bor) .... många människor i Forsbacka.
4. Man (åker) .... till det stora snabbköpet i stan.
5. Hästen (jobbar) .... i skogen.
6. Den lilla pojken (spelar) .... gitarr.
7. Hildur och Jonas (har) .... fyra kor.
8. På åkrarna (växer) .... det säd och potatis.

VII. Journalister undersökte svenskarnas söndagsvanor.

Wir setzen die in Klammer stehenden Verben ins Imperfekt:

2,1 miljoner (fiskar)
1,3 miljoner (har) fritidshus
5,1 miljoner (hälsar) på släkten
3,7 miljoner (åker) bil
1,5 miljoner (idrottar)
950 000 (sitter) i en båt
4,3 miljoner (läser) veckotidningar

VIII. Ortsadverbien

Was paßt hier?

1. Vi kan gå .... till dig. – Han var .... hos Lars. (*upp/uppe*)
2. Ska vi gå ....? – Han är inte .... just nu. (*inne/in*)
3. Pappa är .... i hobbyrummet. – Ska vi också gå ....? (*ner/nere*)
4. Man går rakt .... – När är vi ....? (*framme/fram*)
5. Hon tittar .... genom fönstret. – Han var .... i tamburen. (*ut/ute*)
6. Fru Andersson reste .... – Mia sitter där .... (*borta/bort*)

Lektion 12

I. *Vad vårdas Anna-Lisa för?*
a. hjärnskakning
b. lunginflammation
c. blindtarmsinflammation
d. brännskador

Hon
a. krockade när hon skulle köra om
b. ramlade i en skidbacke i Jämtland
c. ramlade nerför trappan när hon skulle gå och handla
d. slog huvudet i en dörrkarm när hon skulle titta på gamla bondgårdar på Skansen

Hon får vara uppe
a. hela dagarna
b. två timmar efter frukosten
c. på kvällarna
d. en halvtimme efter ronden

Hon får
a. både gå ut ensam och röka.
b. antingen gå ut ensam eller röka.
c. gå ut ensam men inte röka.
d. varken gå ut ensam eller röka.

Syster Siv måste hjälpa henne när
a. hon ska gå och handla
b. hon ska äta eller dricka
c. hon ska gå upp
d. hon ska gå på toaletten

Läkaren
a. vill skriva ut henne
b. tycker att hon ska stanna ett par dagar till
c. är alltid upptagen och skickar en annan som inte känner henne
d. ska operera henne

II. Ergänzen Sie die Personalendung und das Reflexivpronomen.

Beispiel: de/tvätta *De tvättar sig*

1. Vi/klä på ....
2. Hon/klippa ....
3. Han/raka ....
4. De/kamma ....
5. Ni/lära/svenska? ....

III. Hier fehlt das Verb.

Lena, Mats och Mike åker ut på landet. De har semester. De .... i närheten av en bondgård. I Sverige får man .... sig fritt i naturen. Men man ska inte .... ner. Mats och Lena .... svamp och bär.
Anna-Lisa .... nerför trappan när hon skulle gå ut och handla. Hon måste .... sig i säng hela dagarna. Sedan ett par dagar .... Anna-Lisa efter att få komma hem igen. Men läkaren tycker att hon ska ta det lugnt och .... ett par dagar till.

Stanna – ramla – tälta – skräpa – hålla – längta – röra – plocka

IV. Tragen Sie in die Kästchen die hier in Frage kommenden Krankheiten oder Verletzungen ein:

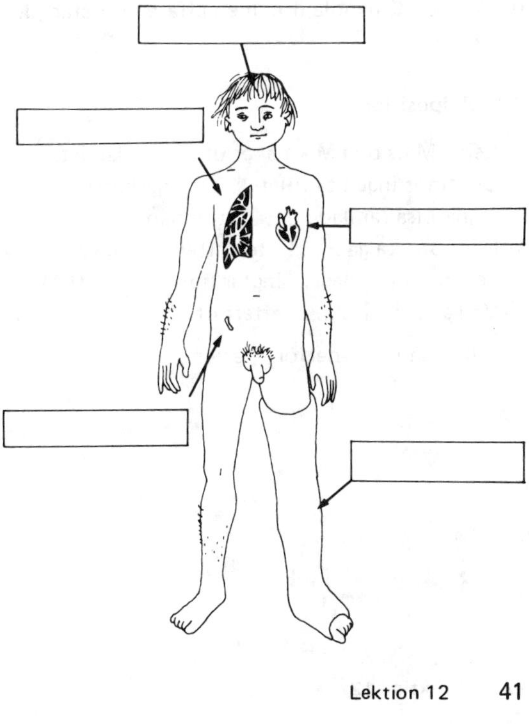

V. Bilden Sie das Imperfekt.

1. Vi kan åka båt på annans vatten.
2. Vi får gå iland på stränderna.
3. Vi rör oss fritt i naturen.
4. Mike tänker fiska lite.
5. Han vill bo på landet.
6. Anna-Lisa får varken röka eller dricka alkohol.
7. Hon har inte ont längre.
8. Anders ska köpa frimärken.

VI. Welches Modalverb kommt hier in Frage?

1. Jag .... gå upp klockan 7, men väckarklockan ringde inte.
2. Mats hade två biljetter, men jag var sjuk och .... inte gå på bio.
3. Jag skulle vilja sova till klockan 12, men jag .... gå upp.
4. Barnen .... naturligtvis inte spela fotboll på gatan.
5. Jag .... inte öppna fönstret, hjälp mig är du snäll!
6. Jag .... hälsa från Pelle. Han kommer i morgon kväll.
7. .... du ha kaffe eller te?
8. Vi .... inte skräpa ner tältplatsen.
9. Jag .... träffa honom i kväll. Han reser i morgon bitti.
10. Vi .... handla lite, men affären var stängd.

VII. Präpositionen

1. Lena, Mats och Mike åker ut .... landet.
2. Det finns ingen tältplats .... närheten.
3. Anna-Lisa ramlade .... trappan.
4. När hon ska gå .... toaletten måste syster Siv hjälpa henne.
5. Sedan ett par dagar längtar hon .... att få komma hem igen.
6. Vad ska vi ha .... efterrätt?

i – till – på (2) – nerför – efter

Lektion 13

I. Übungsbeispiel *Huset till höger är störst*

a. 

b. 

c. 

d. 

e. 

f. 

II. Hier ist die Komparativform einzusetzen:

1. LÄTT & GOTT blir allt (populär) ....
2. VIPS – (dyr) .... men (lite) .... skadligt för magen.
3. SPAR ger (stark) .... tänder och (få) .... hål.
4. Nya PUMA 3000 – (bra) .... bil till (låg) .... pris.
   Vad kan du önska dig (mycket) ....?
5. Spritsa MUMS* chokladsås direkt ur tuben över en portion vaniljglass.
   (enkel) .... kan det inte bli.

III. Wir versuchen, uns an das kleine Gedicht von Ferlin zu erinnern und bilden den Komparativ zu den in Klammer stehenden Wörtern.

Vi upptäckte (mycket) .... och (mycket) ....
och jorden blev (stor) .... och (stor) ....
Upptäckte ändå (mycket) ....
och jorden blev bara en prick,
en liten leksaksballong
i oändligheten.

IV. Bilden Sie Gegensatzpaare:

Beispiel: Huset är *för stort*. – Huset är ..för litet..

1. Bilden är *för ljus*. – Bilden är ....
2. Bilden är *bättre* nu. – Bilden är .... nu.
3. Det här bordet är mycket *högre*. – Jag tycker att vi ska ta det ....
4. Mannen talade med *hög* röst. – »Jag älskar dig», sade hon med .... röst.
5. Det nya varuhuset är mycket *större* än det här. – Det här varuhuset är mycket .... än det nya varuhuset vid Odenplan.

V. Was fehlt?

De tittade på TV. Mannen tyckte att bilden var dålig. Kvinnan ...., men bilden blev inte bra. De .... Mannen ställde in TV:n och kvinnan tittade. Bilden blev bra, men .... Kvinnan ville att han skulle ...., men mannen tyckte att de inte kunde ha det högre. Han ville inte störa grannarna.

VI. Setzen Sie die untenstehenden Verben sinngemäß ein:

1. .... in apparaten så tittar jag.
2. Sätt dig så .... jag bilden.
3. Man hör inget. .... upp ljudet är du snäll.
4. Ska vi .... plats?
5. Vi måste .... på grannarna.
6. Vi upptäckte mer och mer och jorden .... bara en prick i oändligheten.

tänka – fixa – ställa – sätta – bli – byta

VII. Ergänzen Sie die Sätze. Verwenden Sie dazu die in Klammer stehenden Wörter.

Beispiel: (En döv grannfru) *Den döva grannfrun* satte upp ljudet alldeles för mycket.

1. Efter (ett kort samtal) .... med sin man sov Anna-Lisa.
2. (ett svenskt program) .... hade inte någon text under.
3. (en dålig bild) .... kan vi inte ha längre.
4. (en liten leksaksballong) .... flyger i oändligheten.
5. (en modern pjäs) .... ska vi inte se.
6. (Trevliga grannar) .... hjälpte Anna-Lisa under hennes sjukdom.
7. (Små hus) .... ligger i stadens utkant.

Lektion 14

I. Fragen zum Text:

1. Ska herr Steinbach ha ett dubbelrum?
2. Ska det vara för en eller flera nätter?
3. Är herr Steinbach svensk medborgare?
4. Måste han fylla i samma blankett som svenska medborgare?
5. Är det olika blanketter för danska, norska och finska medborgare?
6. Vad beställer man när man ska gå upp tidigt?
7. Vad beställer Bertil och Åke på restaurangen?
8. Vad dricker Bertil?
9. Betalar de var för sig?

II. Setzen Sie das fehlende Adjektiv ein:

1.	Sven:	Där kommer mitt tåg. Ska du åka åt andra hållet?
	Anders:	Nej, vi ska åt .... håll.
2.	Mats:	Du ser trött ut.
	Jon:	Pia och Claes var här. Vi satt och pratade .... natten.
3.	Elisabet:	Idag ska vi laga maten själva, men .... gång tycker jag att vi ska äta på restaurang.
	Susann:	Har du så mycket pengar?
	Elisabet:	Nej, men .... gången var det ju inte så värst dyrt.
	Susann:	Talar du om Hamburgarrestaurangen?
4.	Ulf:	Vi kan ta .... tåget, kl 23.45.
	Patrik:	Vi hinner nog inte.
	Ulf:	När går .... tåget?
	Patrik:	Vid femtiden.
	Ulf:	Då tar vi en taxi!

första – halva – förra – sista – samma – nästa

III. »ska» eller »skulle»?

1. Herr St.: Finns det något enkelrum ledigt?
   Flickan: .... det vara för en eller två nätter?

2. Herr St.: Jag .... vilja beställa väckning till klockan 7.
3. Bertil: .... vi kunna få se på matsedeln?
4. Servitrisen: .... det vara en liten karaff eller räcker det med ett glas?
5. Åke: Jag .... vilja betala.

IV.

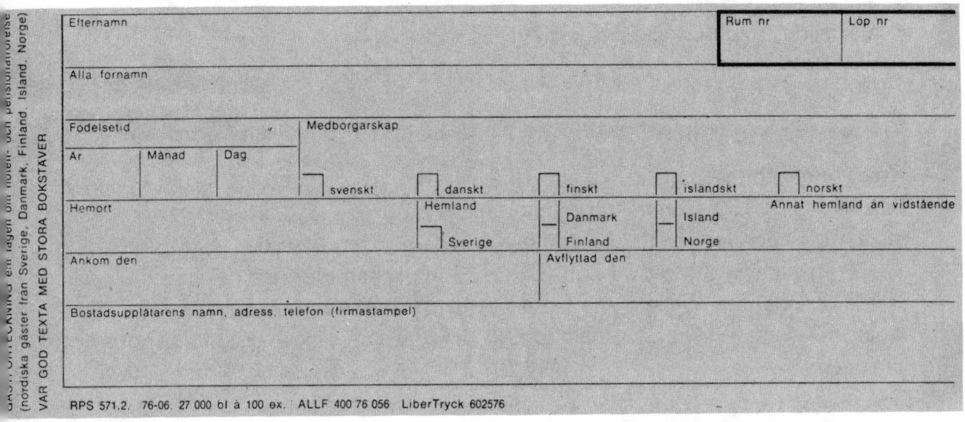

(nordiska gäster från Sverige, Danmark, Finland, Island, Norge)
VAR GOD TEXTA MED STORA BOKSTÄVER

Efternamn | Rum nr | Löp nr
Alla förnamn
Födelsetid: År | Månad | Dag
Medborgarskap: svenskt | danskt | finskt | isländskt | norskt
Hemort
Hemland: Sverige | Danmark | Finland | Island | Norge | Annat hemland än vidstående
Ankom den | Avflyttad den
Bostadsupplåtarens namn, adress, telefon (firmastampel)

RPS 571.2. 76-06. 27 000 bl à 100 ex. ALLF 400 76 056 LiberTryck 602576

Aage Sörensen är från Köpenhamn. Han är dansk medborgare. Han är född den 3 augusti 1947 i Odense. Han bor på hotell Svea, Vanadisvägen 106. Han kom till hotellet i fredags. (Titta i kalendern!)

Füllen Sie das Formular mit Hilfe dieser Angaben aus!

V. Finden Sie das Gegenteil

1. Är det *med* frukost? – Nej, det är .... frukost.
2. Är det *olika* biljetter för danska, norska och finska medborgare? – Nej, det är .... biljett.
3. Ska det vara för *en* natt? – Nej, det ska vara för .... nätter.
4. Ska det vara någon aperitif *innan?* – Nej, men det ska vara kaffe ....
5. Bor det några bråkiga grannar *över er?* – Nej, men det bor en kille .... som spelar basfiol.
6. Är rummet *upptaget?* – Nejdå, det är ....

VI. Hier sind dem Setzer die Zeilen durcheinandergeraten. Was gehört zu was?

a. Finns det något enkelrum ledigt?
1. Ska det vara en liten karaff eller räcker det med ett glas?
b. Skulle vi kunna få se på matsedeln?
2. Då ber jag att ni fyller i den här blanketten.
c. Jag vill ha rödvin.
3. Ska det vara för en eller flera nätter?
d. Jag tar rummet.
4. Varsågod. Vad önskas att dricka?

VII. Setzen Sie die Imperfektformen der in Klammer stehenden Verben ein:

Herr Steinbach (gå) .... in på hotell Svea. De (ha) .... ett stort rum kvar som (kosta) .... 150 kronor. Flickan i receptionen (tro) .... att han var svensk medborgare och (ge) .... honom den vita blanketten att fylla i. Han (säga) .... att han var schweizare och (få) .... en annan blankett i stället. Flickan (ge) .... honom nyckeln och (anteckna) .... att han (vilja) .... bli väckt klockan 7. Sedan (gå) .... han upp till sitt rum som (ligga) .... på andra våningen.

Lektion 15

I. Berichtigen Sie die untenstehenden Angaben.

1. Karins mamma trivs bra på ålderdomshemmet, men hon saknar sin lägenhet i Västerås.
2. Sven fick ett bra jobb i Göteborg i vintras. Han reste till Kiruna i våras.
3. Anders flicka väntar barn. De tänker gifta sig om en månad.
4. Ingalill ska skilja sig. Hon vill bo kvar i Kiruna.
5. Lisa gifte sig med en lantbrukare i Leksand. Äldste sonen utvandrade till Amerika.
6. Ulla är Karins dotter och bor i Göteborg.

II. Setzen Sie in den folgenden Sätzen die unten stehenden Deponentien sinngemäß ein:

1. Det .... att våren är på väg.
2. Hon .... inte i Kiruna.
3. Hon är sjuk, men hon .... inte om det.
4. .... du var de bodde förut?
5. Kan du gå ut med hunden? – Jag .... inte, det är så mörkt ute.

trivas – låtsas – kännas – minnas – töras

III. Präsens und Imperfekt.

a. Folgende Sätze sind ins Imperfekt zu setzen:

1. Vi hittar en liten tussilago.
2. Sven får ett bra jobb i Göteborg.
3. Farfar har en kusin i Leksand.
4. Lisa gifter sig med en lantbrukare.
5. Äldste sonen ärver gården efter sin far.
6. Jons syskon flyttar till södra Sverige.

b. Folgende Sätze sind ins Präsens zu setzen:

1. Det var ganska varmt ute.
2. Det kändes lite ensamt sedan alla barnen var borta.
3. Mamma trivdes bra på ålderdomshemmet.
4. Anders flicka väntade barn.
5. Ulla mindes Svens lägenhet i Västerås.
6. Farbror Eberhard hälsade ibland på släktingarna i Leksand.

IV. Hier sind Verwandtschaftsbezeichnungen einzusetzen, die den Verwandtschaftsverhältnissen in Karins Familie entsprechen.

1. Karin är Ullas ....
2. Åke är Karins ....
3. Anders är Karins ....
4. Anders är Svens och Ingalills ....
5. Ingalill är Svens och Anders ....
6. Åke och Karin är Ingalills ....
7. Ingalill är Åkes och Karins ....
8. Ingalill är Ullas ....
9. Ulla är Ingalills ....
10. Jim är Ingalills ....
11. Ingalill är Jims ....
12. Jim och Elisabeth är Judys ....

V. Erraten Sie, in welchem Verwandtschaftsverhältnis die in Satz a und b genannten Personen zueinander stehen.

Beispiel: a. Mikael är Annas sonson. b. Maria är Annas dotter. c. *Mikael är Marias brorson.* d. *Maria är Mikaels faster.*

1. a. Mikael är Fredriks son.
   b. Pia är Fredriks systerdotter.
2. a. Susann är Gunillas dotter.
   b. Bertil är Gunillas far.
3. a. Ulla är Brittas dotter.
   b. Inga är Brittas syster.
4. a. Bengt är Brittas man.
   b. Maria är Brittas syster.
5. a. Johan och Stina är Bengts föräldrar.
   b. Britta är Bengts fru.
6. a. Annagreta och Pia är Karins döttrar.
   b. Thomas är Karins son.

VI. Geben Sie der in Klammer stehenden Zeitangabe die Form, die ihrer jeweiligen Zeitfunktion entspricht.

Beispiel: Sven fick ett bra jobb (vinter). i vintras

1. Lasse åkte skidor (vinter) ....
2. Jag ska flyga till Kanarieöarna (sommar) ....
3. I Sverige regnar det ofta (sommar) ....
4. Jag flyger alltid till Madeira (vår) ....
5. Vi köpte en gammal villa (höst) ....
6. (vinter) .... är det alltid mycket kallt.
7. Det finns mycket snö i fjällen, men (vinter) .... ska vi nog inte åka skidor!

Lektion 16

I. Was gehört zusammen?

a. Den 30 april	1. kommer jultomten
b. Den 1 maj	2. hälsar man våren med glada sånger och tänder brasor
c. Den 24 eller 25 december	3. äter man ägg
d. den 7* april (påskdagen)	4. ordnar fackföreningarna demonstrationer och massmöten i hela landet
e. Den 24* juni	5. önskar man varandra »Gott Nytt År!»
f. Den 31 december kl 12 på natten	6. firar svenskarna Lucia
g. Den 13 december	7. dansar man kring majstången

II. Perfekt oder Imperfekt?

Beispiel I går (jag/köpa) köpte jag... en köksklocka
(jag/köpa) Jag har köpt... Lasses cykel

1. (vem/beställa) .... rummet?
2. I måndags (jag/beställa) .... 500 liter olja.
3. Titta, (de/skräpa ner) .... tältplatsen!
4. Jag minns att (de/skräpa ner) .... hela tältplatsen förra året.
5. Den här lilla tussilagon (jag/plocka) .... åt dig.
6. I mars (hon/plocka) .... vårens första tussilago.
7. (du/fråga) .... markägaren? Nej, men jag ska göra det nu.
8. (morfar/fråga) .... mormor: »Ska vi gifta oss?»
9. Det märks att (du/klippa) .... håret.
10. Under lunchrasten (han/klippa) .... håret.

* Das Fest ist beweglich

III. Bilden Sie Fragen zu folgenden Antworten. (Lesen Sie vorher noch einmal den Text!)

1. ....? Jag har deltagit i en studiecirkel hemma i Berlin.
2. ....? Jag kom hit i oktober. Drygt fyra månader alltså.
3. ....? Till slutet av juni. Jag vill gärna vara med om att fira sista april och midsommar.
4. ....? Nejdå, jag jobbar som au-pair-flicka i en svensk familj.
5. ....? Vedala. Västmanland-Dalarna. Jag är nämligen från Mora.

IV. Setzen Sie die folgenden Sätze ins Präsens:

Den 30 april var det Valborgsmässoafton. Man tände majbrasor runtom i landet. I Uppsala tågade studenterna till gunillaklockan och lyssnade till sångkören »Orphei Drängar» som hälsade våren med glada sånger. Det snöade lite, men det låtsades man inte om. Den 1 maj var den svenska arbetarrörelsens dag. Fackföreningarna ordnade demonstrationer och massmöten i hela landet. Över midsommar åkte många till Dalarna. Man reste majstången och dansade kring den i den ljusa sommarnatten.

V. Suchen Sie die passenden Wörter im obenstehenden Lesestück (T 2) aus:

1. Bertil läser en bok om den svenska .... historia.
2. Vad ska du göra 1 maj? Ska du också gå till .... på Sergels torg?
3. När vi skulle sjunga märkte jag att jag hade glömt ....texten.
4. .... ordnade massmöten i hela landet.
5. Vi tände .... och sjöng vårvisor.
6. Vad ska vi göra över ....? Ska vi åka till Dalarna?
7. Luciafirandet är en yngre ....

VI. Präpositionen

1. Ni är hjärtligt välkomna .... Lasses födelsedagskalas.
2. Vi är 16 .... bordet, bara nära släkt och vänner till Lasse.
3. .... maten visar Lasse diabilder .... Amerikaresan.
4. Jag har deltagit .... en studiecirkel hemma i Tyskland.
5. Jag kom hit .... oktober.
6. Sångkören »Orphei Drängar» hälsar våren .... glada sånger.
7. Folk dansar .... majstången i den ljusa sommarnatten.

VII. Hier fehlen die temporalen Präpositionen:

1. Han kom till Sverige .... 16 år sen.
2. Chefen kommer tillbaka .... en vecka.
3. Hon låg på sjukhus .... fem månader.
4. Du kan flyga till Mallorca .... tre timmar.
5. Vi träffas tre eller fyra gånger .... året.
6. Vi träffas tre eller fyra gånger .... månaden.
7. Lisa matar sina fiskar fem gånger .... dagen.
8. Brandkåren hann fram till huset .... fem minuter.
9. Det har jag väntat på .... flera år.
10. Affären stängde .... en kvart sedan.

Lektion 17

I. Hier hat der Setzer wieder einmal nicht aufgepaßt und die verschiedenen Texte durcheinandergebracht. Suchen Sie zu jeder Frage oder Feststellung die passende Antwort.

1. Söker du jobb du också?
   – Cirka 1000 kronor.
2. Går det bussar?
   – Inget vidare.
3. Passar det på fredag kl 12?
   – Nej, jag är från Jugoslavien.
4. Finns det inga barn i familjen?
   – Ni ska ha den med när ni kommer.
5. Har ni remiss?
   – Ja, det gör jag.
6. Du talar bra svenska!
   – Jo, vi har två pojkar som arbetar i Iggesund för närvarande.
7. Du är inte svensk, va?
   – Ja, det finns en bussförbindelse in till staden och ner till fabriken.
8. Hur stor är hyran därute?
   – Det är ungefär 3 kilometer.
9. Hur långt är det in till fabriken?
   – Ja, det går bra.

II. Der Beamte der Wohnungsvermittlung schildert einem Kollegen den „Fall" Olle Forsberg. Das Fehlende ist aus eigenem Wissen einzusetzen.

Jag har en norrlänning här som ska ha en lägenhet på .... eller .... rum. Han är ensam här nere nu, men .... kommer också ner. De har också två ...., men de .... Jag sa åt honom att vi för närvarande bygger .... och att det finns en bra .... in till staden och ner till fabriken.

III. Bilden Sie das Imperfekt.

Astrid (vilja) .... beställa tid för skärmbildsundersökning. Hon (ringa) .... till Danderyds sjukhus. Damen i växeln (koppla) .... henne till mottagningen. Syster Siv på mottagningen (ge) .... henne en tid som tyvärr inte passade henne. Hon (be) .... att få en annan tid. Syster Siv (fråga) .... henne om det (passa) .... på fredag klockan tolv. Astrid (tänka) .... bjuda sin syster på lunch då, men det (få) .... vänta till en annan gång.

IV. ja – jo – ju?

1. Jag ska ha en annan blankett, jag är .... inte svensk medborgare.
2. Har ni något enkelrum ledigt? ...., men bara för en natt.
3. Ser du inget? ...., men man hör inget.
4. Är det ett svenskt program? .... det är det.
5. Tänk på grannarna! – Varför det? De tänker .... aldrig på oss!
6. Ska Anders inte flytta ihop med sin flicka? ...., men de vill inte gifta sig.
7. Ingalill ska få Svens lägenhet. Hon vill .... inte bo kvar i Kiruna efter skilsmässan.
8. Trivs mamma bra på ålderdomshemmet? ...., det gör hon.

V. Ordnen Sie die kursiv gedruckten Wörter einer der beiden Sprachebenen zu, die durch die Personen am Rand repräsentiert werden.

1. Sätt dig bara så ska jag *ställa in* apparaten.
2. Ska jag *fixa* bilden åt dig?
3. Ska vi gå och *fika*?
4. Vi skulle kunna *dricka kaffe* på ett trevligt konditori.
5. Hennes *kille* bor i lägenheten under mig.
6. Jag frågade *en ung man* efter vägen.
7. När polisen kom *stack* de.
8. Efter första halvleken *gick* de *därifrån.*
9. Hans tjej *gillar* glass.
10. *Tycker* hans flicka också *om* fotboll?
11. Resan kostade ca 5000 *kronor.*
12. Jag lånade 500 *spänn* av Janne.
13. Det här är ett brev från *en god vän* till dig!
14. Din *kompis* väntar i bilen.

A.

B.

VI. **Was sagen die Personen in den einzelnen Szenen? Bilden Sie Sätze in direkter Rede. Die Angaben unten helfen Ihnen.**

a.

b.

c.

d.

e.

f.

g.

a. Herr Stenman vill veta var hotell Svea ligger.
b. Fru Axelsson undrar när hon får komma hem igen.
c. Anders Lundén undrar om Inger Ekblad också ska till universitetet.
d. Portiern ber fru Forsberg fylla i blanketten.
e. På kontoret: Fröken Sjöberg undrar om chefen kan skriva på nu.
f. Banktjänstemannen talar om för Janne Berg att banken stänger kl 3 och ber honom återkomma i morgon.
g. Sven Johansson frågar Pelle Persson hur länge han har jobbat här.

Lektion 18

I. Unterstreichen Sie das zutreffende Wort:

1. Under tidsperioden 1770–1870 uppfattades / användes / utövades i trakten av Siljan en folklig konstart, känd som »dalmålningar».
2. Till en början uppfattades de mer som framställning / huvudkälla / hemslöjd än konst.
3. Det finns ca 3000 dalmålningar bevarade. / översatta. / överförda.
4. En / Ett väsentligt scen / inslag / trakt är blomsterdekorationen »kurbitsen».
5. Antalet motiv är jämförelsevis begränsat. / förhärskande. / överfört.

II. Fragen zum Text:

1. Var utövades den folkliga konstart som i vår tid är känd som dalmålningarna?
2. Uppfattades dalmålningarna alltid som konst?
3. Hur många målningar finns bevarade?
4. Vilka motiv är förhärskande?
5. Vad var huvudkällan för de bibliska scenerna?
6. Vad kallas den från möbelmåleriet överförda blomsterdekorationen?

III. Setzen Sie die folgenden Sätze ins Passiv:

Under tidsperioden 1770–1870 utövade man i trakten av Siljan en folklig konstart.
Man målade dem på väv eller papper.
Till en början uppfattade man dem mer som hemslöjd än konst.
Som huvudkälla för de bibliska scenerna använde man träsnitten i Gustav Adolfsbibeln.

IV. Ersetzen Sie in dem folgenden Rezept die Imperativform durch das Passiv. Verändern Sie dementsprechend die Wortfolge.

1. Skala och strimla potatisen.
2. Lägg den i kallt vatten.
3. Fräs lökskivorna sakta i smöret.
4. Torka potatisen och varva ned den med ansjovis och lök i en eldfast form.
5. Häll på ungefär hälften av grädden.
6. Sätt in formen i medelgod ugnsvärme.

V. Vad görs av vem?

Beispiel: Krukväxten (vattna) vattnas av Lena.

1. Askfatet (tömma) .... av Patrik.
2. Maten (laga) .... av Anders.
3. Fönstret (stänga) .... av Lena.
4. Gräsmattan (klippa) .... av Maj-Britt.
5. Klänningen (sy) .... av farmor.
6. Potatisen (skala) .... av Olle.
7. Lökskivorna (fräsa) .... av Lotta.

VI. Janssons frestelse.
Suchen Sie unten das passende Verb aus:

1. Potatisen .... och ....
2. Stärkelsen .... bort.
3. Lökskivorna .... sakta i smöret.
4. Potatisen .... och .... ned med ansjovis.
5. Ungefär hälften av grädden .... på.
6. Formen .... in i medelgod ugnsvärme.

varva – fräsa – skala – torka – strimla – hälla – skölja – sätta

VII. Wie heißt die Partizipform des in Klammer stehenden Verbs?

1. Den (känna) .... målaren.
2. Den (stänga) .... affären.
3. De (stänga) .... affärerna.
4. Den (torka) .... potatisen.
5. De (fräsa) .... lökskivorna.
6. Den (klippa) .... gräsmattan.
7. De (måla) .... blommorna.
8. Den (måla) .... blomman.

VIII. Übersetzen Sie:

1. Im 17. Jahrhundert
2. Im 13. Jahrhundert
3. Im 19. Jahrhundert
4. In den 80er Jahren des 19. Jahrhunderts
5. In den 30er Jahren (des 20. Jahrhunderts)
6. Im Jahr 1927
7. Im Jahr 1648

Lektion 19

I. Unterstreichen Sie die richtige Lösung:

1. Larmtjänst har regionala larmcentraler som täcker in
   - hela Sverige.
   - hela Sydsverige.
   - hela Nordsverige.
   - halva Sverige.

2. Du kan få hjälp
   - när du är medlem i Larmtjänst.
   - när du råkar vara i närheten av en regional larmcentral.
   - när du befinner dig i närheten av ett större samhälle.
   - var du än befinner dig.

3. Du kan ringa
   - efter kl 19.
   - dygnet runt.
   - från kl 7–19.
   - sedan bilverkstäderna har stängt.

4. Du kan få hjälp med till exempel
   - båtuthyrning.
   - stora reparationer.
   - bilförsäljning.
   - enklare reparationer.

5. På motorväg får man köra
   - 130/tim.
   - 100/tim.
   - 90/tim.
   - 110/tim.

II. Setzen Sie die fehlenden Wörter ein:

1. Kan jag få se ....?
2. Ni har tyskt körkort. Är ni tysk ....?
3. Vet ni att högsta tillåtna .... på motorväg är 110/tim?
4. Det blir .... för att ni körde för fort.
5. Råkar du ut för ett .... med bilen kan du få hjälp var du än befinner dig.
6. Du kan få hjälp med t. ex. ...., ..., ..., ... och ....

III. Nebensätze. Verbinden Sie die Sätze mit Hilfe der in Klammer angegebenen Konjunktion. Der kursiv gedruckte Satz wird Nebensatz.

1. *Det händer något på vägen.* Du kan ringa till Larmtjänst. (om)
2. Hon kör rätt fort. *Hon hamnar i en poliskontroll.* (tills)
3. *Jag reser tillbaka i början av september.* Jag tar med mig bilen. (när)
4. *Ni köper bilen före den 1 december.* Ni kan få rabatt. (om)
5. Det blir böter. *Ni körde för fort.* (därför att)
6. *Gisela hade släppt av Mats.* Hon körde till en bensinstation. (sedan)
7. Jag jobbade som au-pair-flicka. *Jag började läsa på universitetet.* (innan)
8. Ni har tyskt körkort. *Ni är bosatt i Sverige.* (trots)

IV. Verwandeln Sie die realen Bedingungssätze in irreale Bedingungssätze:

1. Om det finns telefon i närheten kan vi ringa upp ett sjukhus.
2. Om polisen stoppar bilen blir det böter.
3. Om banken inte är stängd kan vi ta ut pengarna.
4. Om han är hemma kan vi lyssna på hans nya Abba-LP.
5. Om han är klar med sitt jobb kommer han säkert med.
6. Om han har bil får vi skjuts allihopa.

V. Erinnern Sie sich an die Komparativ- und Superlativformen?

1. Vet ni att ni inte får köra .... än 110/tim? (fort)
2. Om ni stannar .... än ett år bör ni skaffa svenskt körkort. (länge)
3. Ni körde .... 130/tim. (lite)
4. .... tillåtna hastigheten är 110/tim. (hög)
5. Larmtjänst – du kan knappast få .... hjälp! (snabb)
6. Midsommar firar man i hela Sverige, men de .... åker till Dalarna. (många)
7. Till en början uppfattades dalmålningarna .... som hemslöjd än konst. (mycket)

VI. Bilden Sie das Passiv Imperfekt der in Klammer stehenden Verben:

1. Bilnumret (antecknade) .... av polisen.
2. I affären (tala) .... bara svenska.
3. Samtalet (koppla) .... till mottagningen.
4. Lucia (fira) .... i hela landet.

5. Majstången (resa) .... på eftermiddagen.
6. Banken (stänga) .... klockan tre.
7. Massmötet (ordna) .... av fackföreningarna.
8. Våren (hälsa) .... med glada sånger.
9. Bilbältet (använda) .... mest på motorväg.

VII. Setzen Sie die folgenden Sätze ins Imperfekt:

1. Gisela är på väg hem från Lasses party.
2. Plötsligt hamnar hon i en poliskontroll.
3. En polis går fram till bilen.
4. Han vill se på körkortet.
5. Han undrar om Gisela är tysk medborgare.
6. Gisela säger att hon ska resa tillbaka i början av september.
7. Gisela kör fortare än 110/tim.
8. Hastighetsmätaren visar bara 110/tim.
9. Gisela dricker bara ett litet glas öl och en Cola.
10. Polisen antecknar bilnumret.

VIII. Übung zum Perfekt

Vad säger polismannen?

1. (ni – parkera fel) ....
2. (ni – dricka för mycket sprit) ....
3. (vi – kolla bilens hastighet) ....
4. (jag – anteckna bilnumret) ....
5. (vi – få kontakt med en bilbärgare) ....

Lektion 20

I. Was gehört zusammen?

1. Fru Anderssons pojke går i grundskolan.
a. Han får sjukpenning från försäkringskassan.
2. Farfar är pensionär.
b. Sedan ett år tillbaka får han studielån.
3. Eva och Bengt har gift sig och ska hyra en våning i Örebro.
c. Han klarar sig bra på sin ATP.
4. Ulf läser engelska vid Uppsala universitet.
d. De har ont om pengar och kan få statligt bosättningslån.
5. Lasses fru är gravid.
e. Där får han fria skolmåltider.
6. Per har fått influensa.
f. Hon har rätt att ta ledigt från jobbet.

II. Welches Relativpronomen bzw. welcher relativische Anschluß kommt hier in Frage?

1. Den medicin .... läkaren skriver ut kostar högst tjugofem kronor.
2. De gamla får ATP .... storlek beror på .... man tjänade när man tjänade som mest.
3. .... blir arbetslös får arbetslöshetsunderstöd.
4. De sociala förmånerna följer svenskarna »från vaggan till graven» .... ger dem trygghet i det moderna industrisamhället.
5. .... är gratis behöver man inte betala tillbaka.

III. Verbinden Sie die folgenden Substantive nach dem Muster der im Lehrbuch aufgeführten Komposita. (Geben Sie auch das Geschlecht der Zusammensetzung an.)

1. sjuk + hus
2. skola + lärare
3. dag + mamma
4. folk + (en) samling
5. föräldrar + ledighet
6. lära + (en) sal

7. studium + (en) rådgivning
8. gymnasium + skola
9. försäkring + (ett) bolag
10. omskolning + kurs
11. tillägg + fråga

IV. Aus dem in Klammer stehenden Substantiv ist das fehlende Verb zu bilden.

1. (omskolning) Fredrik ska låta .... sig.
2. (ersättning) Försäkringskassan .... den lön man förlorar genom att stanna hemma.
3. (studium) Jag .... engelska på universitetet.
4. (utbildning) Vet du om Britta ska .... sig till tandläkare?
5. (lån) Kan du .... mig 300 kronor?
6. (hjälp) Mödravårdscentralen .... dig under graviditeten.
7. (försäkring) Ska du inte .... dig mot inbrott?
8. (förlust) Hur mycket .... jag när jag köper bilen på avbetalning?
9. (bosättning) Det finns många som vill .... sig på landet.

V. Übertragen Sie folgende Sätze ins Passiv.

1. Denna ersättning kallar man föräldrapenning.
2. På mödravårdscentralen undersöker man kvinnan under graviditeten.
3. Barnens hälsa kan man kostnadsfritt kontrollera vid en barnavårdscentral.
4. Studielånet betalar man tillbaka efter utbildningen.
5. Den medicin som läkaren skriver ut kostar högst tjugofem kronor på apoteket.
6. Man säger att de sociala förmånerna följer oss »från vaggan till graven.» (Det ...)

VI. Präpositionen. Welche ist wo am Platz?

1. En av föräldrarna har rätt att ta ledigt .... sitt arbete.
2. Försäkringskassan ersätter den lön man förlorar .... att stanna hemma.
3. På mödravårdscentralen undersöker man kvinnan .... graviditeten.
4. Hjälp .... förlossningen är gratis.
5. Barnen har fria läroböcker och fritt skolmaterial .... grundskolan.
6. Studielånet betalar man tillbaka när man är klar .... sin utbildning.
7. Den medicin läkaren skriver .... kostar högst tjugofem kronor.
8. Alla gamla har rätt .... ålderspension.

med – vid – genom – till – från – under – i – ut

VII.

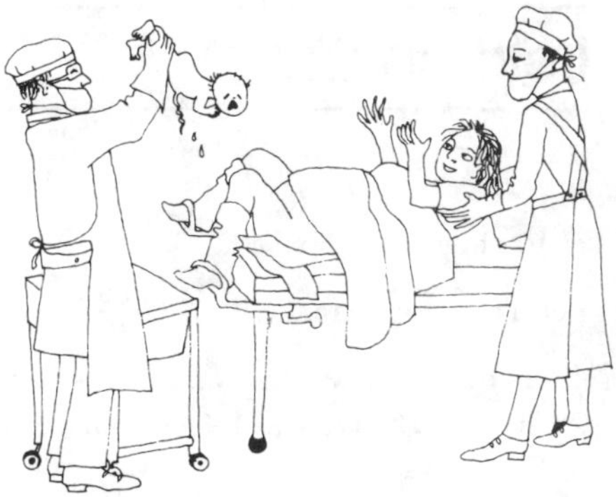

a. Man undersöker henne under .... b. Hon får hjälp vid ....

c. Pojken vaccineras vid .... d. De får fria ....

e. Eva och Anders har fått statligt ..... f. De kan få ....

Lektion 21

I. Var kan man göra vad?

Beispiel: Agneta var i verkstaden och snickrade.

1. Bo och Frans var i .... och tryckte samhemmets informationsblad.
2. Sven och hans jazzband var i .... och spelade.
3. Susann var i .... och framkallade.
4. Pojkarna var i .... och lagade cyklar.
5. Efter att ha jobbat i tryckeriet hela dagen gick de till .... där det redan var stekhett.

II. Hier ist jeweils einer der unten stehenden adverbialen Ausdrücke einzusetzen:

1. På tisdagarna jobbar hon på en nattklubb, ... är hon hemma på kvällarna.
2. Filmen är mycket dålig. .... vet du att jag inte tycker om att gå på bio.
3. Jag jobbar från morgon till kväll, men på söndagarna är jag .... ledig.
4. Har du sett filmen ».......... på en söndag»?
5. Det är .... inte svårt att handla i ett svenskt snabbköp där man kan ta varorna själv.

aldrig – förresten – annars – väl – förstås

III. Ersetzen Sie die direkte Rede durch indirekte Rede.

1. »Ni skulle kunna ha bastu.» – De tycker att ....
2. »Det är bra för mig som är borta hela dagen.» – Hon säger att ....
3. »Det är inte så bra för oss som är hemma hela dagen.» – De säger att ....
4. »Kristinas pappa är med på allt möjligt i vårt samhem.» – De säger att ....
5. »Jag vill allt komma hem till mitt eget lilla hem i lugn och ro.» – Hon säger att ....

IV. Der folgende Text soll im Imperfekt erzählt werden unter Verwendung der in Klammer stehenden Infinitivformen.

Vi (ordna) .... ett samhem i gamla tryckeriet. Där (ha) .... vi bastu, bullerstudio, verkstad för trä och snickarverkstad, mekarverkstad och mycket annat. Kristinas pappa (inreda) .... ett fotolabb och där (framkalla) .... och (förstora) .... han. Alla ungar (få) .... komma dit och se på och lära sig. Kalle och Britta (vara) .... där hela dagarna och (vara) .... som en pappa och mamma för alla ungarna. Småungarna (sova) .... middag där. – Pia (tycka) .... inte om samhemmet. Hon och hennes man (vill) .... hellre sitta bakom tidningen och framför TV:n.

V. Hier ist die Form der kursiv gedruckten Substantive entsprechend der Funktion im Satz zu verändern.

Beispiel: Vi skulle kunna ordna ett *samhem.*
Samhemmet är en idé om gemenskap. I Stockholm finns det redan ett antal samhem. Samhemmen borde hjälpa varandra och utbyta erfarenheter.

1. Stina växte upp i en *storfamilj.* På .... tid lärde man av varandra över åldersgränsen. På landet finns det några .... kvar. .... är ett bra alternativ för dem som är ensamma.
2. Jag var med i ett *arbetslag* i Norrland. .... (Plural) fungerade mycket bra; alla hjälpte varandra. Finns det några .... här på fabriken? Jag skulle vilja presentera dig för kamraterna i ....
3. Det här är ett nytt *bostadsområde.* .... ska byggas norr om staden. I utkanten av Stockholm finns många nya .... Människorna har svårt att få kontakt i de nya ....
4. Finns det någon *åldersgräns* för dem som söker jobbet? Vi lär känna varandra över .... (Singular). Det är inte alltid bra att man respekterar de så kallade .... I samhemmet finns det inga ....
5. Vi har en bra *verkstad* i gamla tryckeriet. Det borde finnas fler ....! Jobbar du också i ....? En av de nyinredda .... ligger alldeles i närheten!

VI. Setzen Sie die fehlende Präposition ein:

1. Barnen ska växa .... hos sina föräldrar.
2. Vi kan lära .... varandra över åldersgränsen.
3. De andra papporna håller mest .... i verkstan.
4. En mamma har dille .... att svarva.
5. Ju mindre man har .... grannarna att göra, desto bättre är det.
6. Alla ungarna får komma dit och se ....
7. De har en verkstad .... trä och snickeri och sådant.
8. De sitter inte hela dagarna .... tidningen och .... TV:n.

VII. Lückendiktat. Jemand liest die Einleitung des Lektionstextes vor. Füllen Sie die Lücken nach dem Gehör aus.

Tänk om vi skulle ordna ett samhem. Samhem är en .... om gemenskap i våra kontaktlösa .... Samhemmet vill ta vara på det bästa som fanns på storfamiljernas tid, i .... och i arbetslagen: att vara tillsammans och lära av varandra över ....

Wörterverzeichnisse

A. Wörterverzeichnis zu den einzelnen Lektionen

Das Wörterverzeichnis enthält folgende wiederkehrende Angaben:

Linke Spalte	*Mittlere Spalte*	*Rechte Spalte*
Nominativ Singular der Substantive, bestimmte und unbestimmte Form. Infinitivform der Verben sowie Personalendung Indikativ Präsens. (Die Verben, die das Präsens auf -er bilden, verlieren das Infinitiv-a.)	Deklination der Substantive (römische Zahlen) bzw. Pluralform bei abweichender Bildung. Imperfekt und Supinum der starken Verben.	Übersetzung der Bedeutung, die das Wort in der betreffenden Lektion hat.

---

schw. schwaches Verb
\+ Umlaut im Plural
I (...) 1. (...) Deklination

Lektion 1

att		daß
bara		nur
bo, -r	*schw.*	wohnen
bra		gut
Danmark		Dänemark
dansk, -en	II	Däne
danska (-n)	(I)	Dänisch, Dänin
de		sie
det		das, es
din, ditt, dina		dein, deine
dricka, -er	drack, druckit	trinken
du		du
där		da, dort
en		ein, eine
England		England
engelska (-n)	(I)	Englisch, Engländerin

engelsman, -nen	-män	Engländer
ett		eins
Finland		Finnland
finländare, -n	V	Finne
finska (-n)	(I)	Finnisch, Finnin
Frankrike		Frankreich
franska		Französisch
fransman, -nen	-män	Franzose
fransyska, -n	I	Französin
fru, -n	II	Frau
från		von, aus
för		für
förlåt		Entschuldigung
gärna		gern
ha, -r	hade, haft	haben
han		er
hej		hallo
hej då		tschüß
hellre		lieber
heta, -er	hette, hetat	heißen
hon		sie
här		hier
i		in
inte		nicht
Italien		Italien
italienare, -n	V	Italiener
italienska (-n)	(I)	Italienisch, Italienerin
ja		ja
jag		ich
jaså		ach so
jodå		ja doch
ju		ja
juice, -n	III	Saft
kaffe (-t)		Kaffee
komma, -er	kom, kommit	kommen
kung, -en	II	König
kunna, kan	kunde, kunnat	können
lektion, -en	III	Lektion, Stunde
ligga, -er	låg, legat	liegen
man, -nen	män	Mann
men		aber
min		mein, meine
mjölk, -en		Milch
mor, modern	mödrar	Mutter
nej		nein
ni		ihr, Sie
Norge		Norwegen

norrman, -nen	-män	Norweger
norska (-n)	(I)	Norwegisch, Norwegerin
ofta		oft
och		und
också		auch
pappa, -n	I	Papa, Vater
pojkvän, -nen	III	Freund
på		(*hier*:) auf
ses	sågs, setts	sich sehen
Spanien		Spanien
spanjor, -en	III	Spanier
spanjorska, -n	I	Spanierin
spanska		Spanisch
svensk, -en	II	Schwede
svenska (-n)	(I)	Schwedisch, Schwedin
Sverige		Schweden
säga, -er	sade, sagt	sagen
tack		danke
tacka, -r	*schw.*	danken, sich bedanken
tala, -r	*schw.*	sprechen, reden
te, -et	III	Tee
träffa, -r	*schw.*	treffen
tysk	II	Deutscher
tyska (-n)	(I)	Deutsch, Deutsche
Tyskland		Deutschland
tältplats, -en	III	Zeltplatz
tändsticka, -n	I	Zündholz
vad		was, wie
var		wo
vara, är	var, varit	sein
varifrån		woher
varsågod		bitte schön
vi		wir
vilja, vill	ville, velat	wollen
vin, -et	III	Wein
är (*vgl.* vara)		
öl, -et	(V)	Bier
österrikare, -n	V	Österreicher
Österrike		Österreich
österrikiska, -n	I	Österreicherin

Lektion 2

andra		andere
askfat, -et	V	Aschenbecher
bil, -en	II	Auto
debatt, -en	III	Debatte
dig		dich, dir
diska, -r	*schw.*	Geschirr spülen
dubbelarbeta, -r	*schw.*	Doppelarbeit leisten
egentligen		eigentlich
fredag, -en	II	Freitag
gräsmatta, -n	I	Rasen
gå, -r	gick, gått	gehen
göra, gör	gjorde, gjort	machen, tun
handla, -r	*schw.*	einkaufen
hemma		zu Hause
herr, -n	II	Herr
hjälpa, -er (till)	*schw.*	helfen
hos		bei
i kväll		heute abend
jobba, -r	*schw.*	arbeiten
jämlikhet, -en		Gleichberechtigung
Kalle Anka		Donald Duck
klippa, -er	*schw.*	mähen
laga, -r	*schw.*	zubereiten, kochen, reparieren
läsa	*schw.*	lesen
lördag, -en	II	Samstag
mamma, -n	I	Mama, Mutter
massa, -n	I	Menge
mat, -en		Essen
mig		mich, mir
mycket		viel
måndag, -en	II	Montag
när		wann
om		(*hier:*) über
onsdag, -en	II	Mittwoch
på		(*hier*:) in, an
röka, -er	*schw.*	rauchen
sak, -en	III	Sache, Ding
se, -r	såg, sett	sehen
sex		sechs
skola, skall	skulle, skolat	sollen, wollen
stopp		halt
städa, -r	*schw.*	saubermachen, putzen
sy, -r	*schw.*	nähen
söndag, -en	II	Sonntag

tidning, -en	II	Zeitung
till		bis
tisdag, -en	II	Dienstag
titta, -r	*schw.*	schauen, sehen
titta på TV	*schw.*	fernsehen
torsdag, -en	II	Donnerstag
TV (teve), TV:n (teven)		Fernsehen
två		zwei
tvätta, -r	*schw.*	waschen
typisk		typisch
tänka, -er	*schw.*	denken
tömma, -er	*schw.*	leeren
vem		wer, wem, wen
väl		wohl
åt		zu

Lektion 3

aldrig		nie
alla		alle
allting		alles
arton		achtzehn
att		zu (vor *Infinitiv*)
bank, -en	III	Bank
behöva, -er	*schw.*	brauchen
bekväm		bequem
billig		billig
bilplats, -en	III	Autoplatz (auf der Fähre)
båt, -en	II	Schiff
börja, -r	*schw.*	anfangen, beginnen
Centralen (Centralstationen)	III	Hauptbahnhof
cirka		zirka
dag, -en	II	Tag
den		(*hier*:) sie
det tar		es dauert
dyr		teuer
dörr, -en	II	Tür
elva		elf
en		einer
familj, -en	III	Familie
fem		fünf
femtio		fünfzig
femton		fünfzehn
film, -en	III	Film

fjorton		vierzehn
flyg, -et		Flug, Flugzeug
flyga, -er	flög, flugit	fliegen
frimärke, -t	IV	Briefmarke
fyra		vier
fyrtio		vierzig
fåtölj, -en	III	Sessel
färja, -n	I	Fähre
ganska		ziemlich
gratis		gratis
gå på	gick, gått på	kosten, sich belaufen auf
halv		halb
ha rätt	hade, haft rätt	recht haben
hel		ganz
hotell, -et	V	Hotel
hotellrum, -met	V	Hotelzimmer
hundra		hundert
hur		wie
hur mycket		wie viel
hur mycket är klockan?		Wieviel Uhr ist es?
hus, -et	V	Haus
i		(*hier*:) vor
klockan 3		um 3 Uhr
koppla, -r av	*schw.*	entspannen
kosta, -r	*schw.*	kosten
krona, -n	I	Krone (Währungseinheit)
kvart, -en	III	Viertelstunde
liten		klein
lång		weit
manick, -en	III	Ding, Sache
med		mit
med flyg		mit dem Flugzeug
mellan		zwischen
minut, -en	III	Minute
natt, -en	III+	Nacht
nio		neun
nittio		neunzig
nitton		neunzehn
nu		jetzt, nun
pengar (*Plural*)		Geld
per		pro
planera, -r	*schw.*	planen
plats, -en	III	Platz
resa, -n	I	Reise
resa, -er	*schw.*	reisen
restaurangvagn, -en	II	Speisewagen
rum, -met	V	Zimmer

rund		rund
rätt		recht
semester, -n	II	Urlaub
service, -n		Service
sex		sechs
sextio		sechzig
sexton		sechzehn
sitta, -er	satt, suttit	sitzen
sju		sieben
sjuttio		siebzig
sjutton		siebzehn
skön		behaglich, gemütlich
som		der, die, das (*Relativpronomen*)
sovvagn, -en	II	Schlafwagen
sport, -en		Sport
stänga, -er	*schw.*	zumachen, schließen
så		so
ta, -r	tog, tagit	nehmen; in Anspruch nehmen, dauern
ta ut		abheben
taxi, -n	–	Taxi
till		zu; in
timme, -n	II	Stunde
tio		zehn
tjugo		zwanzig
tjuv, -en	II	Dieb
tolv		zwölf
tre		drei
trettio		dreißig
tretton		dreizehn
trevlig		angenehm, nett
trött		müde
tusen		tausend
tåg, -et	V	Zug
vad är klockan?		wieviel Uhr ist es?
vagn, -en	II	Wagen
välkommen		willkommen
åka, -er	*schw.*	fahren
åtta		acht
åttio		achtzig
äta, -er	åt, ätit	essen
över		nach, über

Lektion 4

alltsammans		alles (zusammen)
apelsin, -en	III	Apfelsine
apelsinsaft, -en	III	Orangensaft (zum Verdünnen)
bakom		hinter
bli (*vgl.* det blir)	blev, blivit	werden
bredvid		neben
bröd, -et	V	Brot
burk, -en	II	Dose, Büchse
choklad, -en	III	Kakao, Schokolade
det blir		das macht
där borta		da hinten
där framme		da vorne
expedit, -en	III	Verkäufer(in)
extra		extra besonders
fest, -en	III	Fest
filterpåse, -n	II	Filtertüte
finnas, finns; det finns	fanns, funnits	sich befinden; es gibt
fisk, -en	II	Fisch (auch kollektiv)
flaska, -n	I	Flasche
flicka, -n	I	Mädchen
framför		vor
frukt, -en	(III)	Obst (Frucht)
fråga, -r	*schw.*	fragen
godis (*koll.*)		Süßigkeiten
grönsak, -en	III	Gemüse (*Plural*), Gemüsesorte
göra upp, gör upp	gjorde, gjort upp	zusammenstellen
hekto, -t	hekto	100 Gramm
hitta, -r	*schw.*	finden
hämta	*schw.*	holen
ingång, -en	II	Eingang
inköp, -et	V	Einkauf
inköpslista, -n	I	Einkaufsliste
i närheten		in der Nähe
i stället		statt dessen
javisst		ja, sicher, klar
just nu		gerade jetzt
kassa, -n	I	Kasse
kassörska, -n	I	Fräulein an der Kasse
kilo, -t	kilo	Kilo
knäckebröd, -et	V	Knäckebrot
komma, -er ihåg	kom, kommit ihåg	sich erinnern
korv, -en	II	Wurst
krabba, -n	I	Krabbe

kväll, -en	II	Abend
köpa, -er	*schw.*	kaufen
kött, -et	–	Fleisch
limpa, -n	I	Brotlaib
lista, -n	I	Liste
liter, -n	liter	Liter
låg		niedrig
margarin, -et	III	Margarine
marmelad, -en	III	Marmelade
närbutik, -en	III	Geschäft in der Nähe
olika		verschiedene
ost, -en	II	Käse
ostsort, -en	III	Käsesorte
paket, -et	V	Paket
plommon, -et	V	Pflaume
pojke, -n	II	Junge
potatis, -en	II	Kartoffel (auch kollektiv)
pris, -et	III	Preis
påse, -n	II	Tüte
rik		reich
räcka, -er	*schw.*	reichen
räka, -n	I	Garnele
saft, -en	III	Saft (zum Verdünnen)
salt, -et	III	Salz
sedan		später, dann
sko, -n	III	Schuh
slut		aus, zu Ende
smör, -et		Butter
snabbköp, -et	V	Supermarkt
snäll		nett, lieb, freundlich
socker, sockret		Zucker
sort, -en	III	Sorte
stor		groß
stå, -r	stod, stått	stehen
så		so, dann
Systemet (Systembolaget)		Staatliches Monopolgeschäft für Alkohol
tack så mycket	II	vielen Dank
tillbaka		zurück
till höger		rechts
till höger om		rechts von
till vänster		links
till vänster om		links von
tomat, -en	III	Tomate
tycka, -er	*schw.*	meinen
urval, -et	V	Auswahl
vart		wohin

veta, vet	visste, vetat	wissen
vid		bei, an
vill du vara snäll		willst du so nett sein
vindruva, -n	I	Weintraube
äpple, -t	IV	Apfel
öre, -t	IV	Öre (kleinste Geldeinheit)

Lektion 5

affär, -en	III	Geschäft, Laden
alltså		also
ambulans, -en	III	Krankenwagen
annat		anderes
apotek, -et	V	Apotheke
bakåt		nach hinten
begära, begär	*schw.*	verlangen
beskriva, -er	beskrev, beskrivit	beschreiben
betala, -r	*schw.*	bezahlen
biljett, -en	III	Fahrkarte
bio(graf), -n (-en)	(III)	Kino
brandkår, -en	III	Feuerwehr
buss, -en	II	Bus
byta, -er	*schw.*	umsteigen
dit		dorthin
dra, -r	drog, dragit	ziehen
efter		nach
eller		oder
fort		schnell
fortsätta, -er	-satte, -satt	(*hier*:) weitergehen
framme		da
fram och tillbaka		hin und zurück
för att		um zu
gas, -en	III	Gas
gata, -n	I	Straße
ge, -r	gav, gett	geben
gå, -r av	gick, gått av	aussteigen
halvtimme, -n	II	halbe Stunde
hem		nach Hause
hemsamarit, -en	III	Heimsamariter
hjärtlig		herzlich
hur		wie
hälsa, -r på	*schw.*	besuchen, einen Besuch machen
härifrån		von hier
inom		innerhalb von
juni		Juni
kan jag få (+ *infinitiv*)		kann ich (+ *Infinitiv*)

knapp, -en	II	Knopf
konduktör, -(e)n	III	Schaffner
konsert, -en	III	Konzert
korsa, -r	*schw.*	überqueren
linje, -n	III	U-Bahn-Linie
lunch, -en	III	Lunch (erste größere Mahlzeit)
lur, -en	II	Hörer
lyfta, -er av	*schw.*	abheben
lägga, -er i	lade, lagt i	hineinlegen, einwerfen
läkare, -n	V	Arzt
lärobok, -en	III+	Lehrbuch
man		man
meddela, -r	*schw.*	mitteilen, sagen
minut, -er	III	Minute
morgon, -en	morgnar	Morgen
(på) nedre botten		(im) Erdgeschoß
norrut		nordwärts
nr = nummer, numret	V	Nummer
någonting		etwas
några		einige
om		(*hier*:) in
passera	*schw.*	passieren, durchgehen
pianolektion, -en	III	Klavierstunde
platsbiljett, -en	III	Platzkarte
polis, -en		Polizei
post, -en		Post
postkontor, -et	V	Postamt
precis		genau
präst, -en	III	Pfarrer, Priester
rakt fram		geradeaus
ringa, -er (till)	*schw.*	anrufen
sin		sein (*Possessivpronomen*)
SJ = Statens Järnvägar (*Plural*)		Staatl. schwedische Eisenbahn
skjuta, -er	sköt, skjutit	drücken, schieben
slå, -r	slog, slagit	(*hier*:) wählen
spärr, -en	II	Sperre
spärrvakt, -en	III	Sperrenbeamter
stanna, -r	*schw.*	stehenbleiben, halten
stenkast, -et	V	Katzensprung, Steinwurf
stiga, -er av (på)	steg, stigit	aussteigen (einsteigen)
städhjälp, -en		Zugehfrau, Putzhilfe
svara, -r	*schw.*	antworten
svår		schwierig
söderut		südwärts
T-Centralen		Zentrale U-Bahn-Station

ta till höger	tog, tagit	rechts abbiegen
ta till vänster		links abbiegen
teater, -n	II	Theater
telefon, -en	III	Telefon
telefonhytt, -en	III	Telefonzelle
televerk, -et	V	Telegrafenamt
texta, -r	*schw.*	in Druckschrift schreiben
till		nach
trappa, -n	I	Treppe
trycka, -er	*schw.*	drücken
tunnelbana, -n	I	U-Bahn
turistinformation	III	Information für Touristen
två trappor upp		im 2. Stock
tyvärr		leider
universitet, -et	V	Universität
ursäkta		Entschuldigung!
var (*vgl.* vara)		
var snäll och ...		sei (seien Sie) so nett und ...; bitte
verkligen		wirklich
vid tretiden		gegen 3 Uhr
vilken, vilket, vilka		welcher, welches, welche
vinter, -n	II	Winter
väg, -en	II	Weg, Straße
vän, -nen	III	Freund
västerut		westwärts
österut		ostwärts

Lektion 6

andra		zweite
april		April
augusti		August
av		von
beställa, -er	*schw.*	bestellen
biljettkontor, -et	V	Theaterkasse
blomma, -n	I	Blume
brev, -et	V	Brief
bud, -et	V	Gebot
bukett, -en	III	Strauß
bussig		lieb, goldig
bänk, -en	II	Reihe
cykel, -n	II	Fahrrad
cykla, -r	*schw.*	radfahren
dans, -en	III	Tanz
december		Dezember
del, -en	II	Teil

dem		sie, ihnen
diskotek, -et	V	Diskothek
djur, -et	V	Tier
Dramaten (Dramatiska teatern)		Stockholmer Theater
drömspel, -et	V	Traumspiel
dubbelrum, -met	V	Doppelzimmer
då		(*Füllwort*) dann, denn
februari		Februar
er		euch
femtonhundratalet (1500-talet)		16. Jahrhundert
filmtitel, -n	II	Filmtitel
friluftsmuseum, museet	III	Freiluftmuseum
få, -r	fick, fått	bekommen
färg, -en	III	Farbe
före		vor
föreställning, -en	II	Vorstellung
förort, -en	III	Vorort
Gamla Stan		Altstadt von Stockholm
gammal		alt
gränd, -en	III	Gasse
gå, -r	gick, gått	(*hier*:) laufen
hemsk		furchtbar
henne		sie, ihr (Objektfall)
honom		ihn, ihm
huvudstad, -en	III+	Hauptstadt
hårfrisörska, -n	I	Friseuse
hälsa, -r på	*schw.*	(be)grüßen
hördu du		hör mal
höstsonat, -en	III	Herbstsonate
idag		heute
i morgon		morgen
i morgon kväll		morgen abend
ingenting		nichts
innerstad, -en	III+	Innenstadt
intresserad		interessiert
invånare, -n	V	Einwohner
januari		Januar
juli		Juli
komma att (+ *infinitiv*)		werden (+ *Infinitiv*)
kommun, -en	III	Gemeinde, Stadt
konsert, -en	III	Konzert
kort, -et	V	(Post)karte
kram, -en	II	Umarmung
kvar		übrig
land, -et	III+	Land

lärare, -n	V	Lehrer, Lehrerin
maj		Mai
mars		März
medeltid, -en	III	Mittelalter
middag, -en	II	Mittagessen
modern		modern
morgondagens konsert		das Konzert morgen
museum, museet	III	Museum
många		viele
människa, -n	I	Mensch
namn, -et	V	Name
nog		wohl
november		November
någon, något		(irgend)einer, -eine, -ein
några		irgendwelche
oktober		Oktober
orkester, -n	II	Orchester
oss		uns
pensionat, -et	V	Pension
problem, -et	V	Problem
rekommendera, -r	*schw.*	empfehlen
rundtur, -en	III	Rundfahrt
röst, -en	III	Stimme
se efter	såg, sett efter	nachschauen
september		September
självklar		selbstverständlich
skola, skall	skulle, skolat	werden
slott, -et	V	Schloß
som		wie
spela, -r	*schw.*	spielen
stad, -en	III+	Stadt
strax		gleich
styck (per styck)		pro Stück
symfoni, -n	III	Symphonie
teater, -n	II	Theater
telegram, -met	V	Telegramm
tid, -en	III	Zeit, Termin
till exempel; t. ex.		zum Beispiel; z. B.
tillsammans		zusammen
trafik, -en		Verkehr
upptagen, upptaget		besetzt
vad ... för		was für ...
varandra		einander
våning, -en	II	(*hier*:) Stock
väckning, -en		Wecken
år, -et	V	Jahr
ändå		trotzdem

ögonblick, -et	V	Augenblick
öppen, öppet		geöffnet, offen
över		mehr als

Lektion 7

adress, -en	III	Adresse
alldeles		ganz
axel, -n	II	Achsel
badrum, -met	V	Badezimmer
barn, -et	V	Kind
barnkammare, -n	V	Kinderzimmer
ben, -et	V	Bein
blå		blau
bok, -en	böcker	Buch
borta		weg
bred		breit
brun		braun
busshållplats, -en	III	Bushaltestelle
byxor (*Plural*)		Hose
city, -t	-n	City, Stadtmitte
c/o (=care of)		bei
dam, -en	III	Dame
den ena		der eine
den här		dieser, diese
den här gången		diesmal
dubbel		doppelt
där		wo
ensam		allein
fason, -en	III	Form
fläta, -r	*schw.*	flechten
fläta, -n	I	Zopf
fot, -en	fötter	Fuß
frisk		gesund
fräknar (*Plural*)		Sommersprossen
förfallen		verfallen
försöka, -er	*schw.*	versuchen
förälder, -n		Elternteil
föräldrar (*Plural*)		Eltern
grön		grün
gul		gelb
gullig		lieb, goldig
gång, -en	III	mal
halmhatt, -en	II	Strohhut
hennes		ihr (*Possessivpronomen*)
håll, -et	V	Richtung

hår, -et	V	Haar
hård		hart, steif
hälsning, -en	II	Gruß
höra av sig	*schw.*	von sich hören lassen
jacka, -n	I	Jacke
klädd		gekleidet
kort, -et	V	Photo
kär		lieb
kök, -et	V	Küche
köra, kör	*schw.*	fahren
lång		lang
markatta, -n	I	Meerkatze
min		mein, meine
morot, -en	III+	Karotte
mun, -nen	II	Mund
ny		neu
nämligen		nämlich
när		wenn
näsa, -n	I	Nase
par, -et	V	Paar
park, -en	III	Park
passa, -r	*schw.*	aufpassen auf
prata, -r	*schw.*	sprechen
prickig		gepunktet, gesprenkelt
på		(*hier*:) von
rolig		lustig
rätt		gerade
röd		rot
samma		(der, die, das) gleiche
sedan (... tillbaka)		seit
se, -r ut	såg, sett ut	aussehen
själv		selbst
skriva, -er	skrev, skrivit	schreiben
smal		schmal, dünn
små (*Plural*)		klein
snart		bald
sovrum, -met	V	Schlafzimmer
strumpa, -n	I	Strumpf
stå, -r ut	stod, stått ut	abstehen
sur		sauer
svart		schwarz
så här		so
tambur, -en	III	Flur
tand, -en	III+	Zahn
till		an
tillgång, -en	II	Zugang
tillgång till kök		Küchenbenutzung

trädgård, -en	II	Garten
under		unter
ur		aus
utkant, -en	III	Stadtrand
utseende, -t	IV	Aussehen
utsikt, -en	III	Aussicht
vacker		schön
vardagsrum, -met	V	Wohnzimmer
varuhus, -et	V	Warenhaus
vecka, -n	I	Woche
villa		Villa
vindsrum, -met		Dachzimmer
vit		weiß
åt		in Richtung auf

Lektion 8

arbeta, -r	*schw.*	arbeiten
armbandsur, -et	V	Armbanduhr
bad, -et	V	Bad
bada, -r	*schw.*	baden
barrskog, -en	II	Nadelwald
berg, -et	V	Berg
betyda, -er	*schw.*	bedeuten
bilverkstad, -en	III+	Autowerkstatt
bland annat, bl. a.		unter anderem, u. a.
bly, -et		Blei
blåbärssoppa, -n	I	Blaubeersuppe
bryta, -er	bröt, brutit	brechen, abbauen
butik, -en	III	Laden
båda		beide
bädda, -r	*schw.*	Betten machen
camping		Camping
campingplats, -en	III	Campingplatz
cykeluthyrning, -en		Fahrradvermietung
dalkarl, -n	II	Mann aus Dalarna
deltagare, -n	V	Teilnehmer
diskplats, -en	III	Geschirrspülplatz
dricksvatten, -vattnet		Trinkwasser
dusch, -en	II	Dusche
dvs. =det vill säga		d. h. (das heißt)
enkel		einfach
fira, -r	*schw.*	feiern
fjäll, -et	V	Gebirge
fjällvandra, -r	*schw.*	bergwandern
fler (*Plural*)		mehr

folk (*Plural*)		Leute
fortfarande		immer noch
fri		frei
färdsätt, -et	V	Fortbewegungsmittel
förbindelse, -n	III	Verbindung
förening, -en	II	Verein
gruva, -n	I	Grube, Bergwerk
hemslöjd, -en		Kunstgewerbe, Volkskunst
historia, -en		Geschichte
hyra, hyr	*schw.*	mieten
hyra, -n	I	Miete
hållplats, -en	III	Haltestelle
häst, -en	II	Pferd
hög		hoch
höst, -en	II	Herbst
industristad, -en	III+	Industriestadt
ingen, inget; inga		kein, keine, keines; keine
jordbruk, -et	V	Landwirtschaft
jämföra, -för	*schw.*	vergleichen
karl, -n	II	Mann
kafé, -(e)t	III	Café
kiosk, -en	III	Kiosk
kläder (*Plural*)		Kleider
klädtvätt, -en		Kleiderwäsche
kokkärl, -et	V	Kochgeschirr
kokplats, -en	III	Kochplatz
koppar		Kupfer
känd		bekannt, berühmt
känna, -er	*schw.*	kennen
känna, -er igen	*schw.*	(wieder)erkennen
lakan, -et	V	Laken
landskap, -et	V	„Landschaft", (historisch gewachsene) Provinz
legitimation, -en	III	Ausweis
lekplats, -en	III	Spielplatz
lika		ebenso
lopp, -et	V	Lauf
län, -et	V	Verwaltungsbezirk
malm, -en	III	Eisenerz
matservering, -en	II	Restaurantbetrieb, warme Küche
metall, -en	III	Metall
midsommar, -en	II	Mittsommer
mitt i		in der Mitte, mitten darin
nära		annähernd
oavsett		ungeachtet, ohne Rücksicht auf

observera, obs!		beachte!
om		(*hier*:) von
ort, -en	III	Ort
plocka, -r	*schw.*	pflücken, sammeln
porslin, -et	III	Porzellan (*hier:* Geschirr)
residensstad, -en	III+	Residenzstadt
resp. (respektive)		bzw. (beziehungsweise)
restaurang, -en	III	Restaurant
rum, -met	V	Zimmer
runt		um ... herum
sida, -n	I	Seite
sitt		*Neutrumform zu* „sin"
sjukrum, -met	V	Krankenzimmer
sjö, -n	II	Binnensee
skida, -n	I	Ski
skidtävling, -en	II	Skiwettbewerb
skylt, -en	II	Schild
skälla, -er	*schw.*	schimpfen
slättland, -et		Flachland
sommar, -en	II	Sommer
sommarstuga, -n	I	Ferienhäuschen
sovsäck, -en	II	Schlafsack
stryka, -er	strök, strukit	bügeln
stuga, -n	I	Hütte, Häuschen
svamp, -en	II	Pilz
sånt = sådant		derartiges, so was
ta med	tog, tagit med	mitnehmen
toalett, -en	III	Toilette
träffas	*schw.*	sich treffen
turist, -en	III	Tourist
turistförening, -en	II	Touristikverein
tusentals (1000-tals)		tausende von
tussilago, -n		Huflattich
tvättställ, -et	V	Waschbecken
tält, -et	V	Zelt
tävling, -en	II	Wettbewerb
ung		jung
utan		ohne
vandrarhem, -met	V	Jugendherberge, Wanderer-heim
variera, -r	*schw.*	variieren
varje		jeder, jede, jedes
varm		warm
varmvattenkran, -en	II	Warmwasserhahn
vatten, vattnet	V	Wasser
vår, -en	II	Frühling
zink, -en		Zink

åka, -er skidor	*schw.*	Skilaufen
ålder, -n	II	Alter
älv, -en	II	Fluß, Strom

Lektion 9

allt		alles
anse, -r	ansåg, ansett	meinen, finden
barnläkare, -n	V	Kinderarzt, -ärztin
barnvagn, -en	II	Kinderwagen
bli bra	blev, blivit bra	gesund werden
blöja, -n	I	Windel
byta, -er	*schw.*	wechseln
chans, -en	III	Chance, Gelegenheit
chef, -en	III	Chef
daghem, -met	V	Kindergarten, Kindertagesstätte
dela, -r	*schw.*	teilen
deras		ihr, ihre
dess		sein, seine
doktor, -n	III	Arzt, Doktor
dra, -r	drog, dragit	(*hier*:) schieben
dålig		schlecht
därför att		weil
en del		einige
eftermiddag, -en	II	Nachmittag
er, ert, era		euer, eure; Ihr, Ihre
feber, -n	II	Fieber
förmiddag, -en	II	Vormittag
förstå, -r	förstod, förstått	verstehen
föräldraledighet, -en	III	Elternurlaub
glad		froh
hans		sein, seine
hinna, -er	hann, hunnit	es schaffen, Zeit haben
hoppas, –	*schw.*	hoffen
hund, -en	II	Hund
hungrig		hungrig
hur mår du?		wie geht es dir?
hushåll, -et	V	Haushalt
hälsa, -r	*schw.*	grüßen
hämta, -r	*schw.*	abholen
ibland		manchmal
intressant		interessant
jobb, -et	V	Arbeit
jobbig		anstrengend
katt, -en	III	Katze
kontakt, -en	III	Kontakt

kvinna, -n	I	Frau
lag, -en	II	Gesetz
ledig		frei, beurlaubt
ledsen (jag är ledsen)		traurig (es tut mir leid)
lära känna, lär känna	*schw.*	kennenlernen
matlagning, -en		Essenzubereitung
min, mitt, mina		mein, meine
må, mår	*schw.*	sich fühlen
månad, -en	III	Monat
patient, -en	III	Patient
radhus, -et	V	Reihenhaus
rätt, -en	III	Recht
samtal, -et	V	Gespräch
sjuk		krank
smörgås, -en	II	belegtes Brot, Butterbrot
snart		bald
stanna hemma	*schw.*	zu Hause bleiben
städning, -en		Saubermachen, Hausputz
sälja, -er	sålde, sålt	verkaufen
ta hand om	tog, tagit	sich kümmern um
ta ledigt		freinehmen
tjänsteman, -nen	-män	Beamter, Beamtin
torg, -et	V	Marktplatz
tråkig		langweilig, (*hier*:) bedauerlich
tycka, -er	*schw.*	mögen, es gern sehen
varför		warum
våning, -en	II	Wohnung
vår, vårt, våra		unser, unsere
väninna, -n	I	Freundin
vänta, -r	*schw.*	warten
älska, -r	*schw.*	lieben

Lektion 10

barnparkering, -en	II	Kinderbetreuung
centrum, -et	centra, centrer	Zentrum
dotter, -n	II+	Tochter
farbror, -n, -brodern	-bröder	Onkel
femma, -n	I	Fünfkronenschein
femti(o)lapp, -en	II	Fünfzigkronenschein
frisörsalong, -en	III	Friseursalon
gjort (*vgl.* göra)		
glasögon (*Plural*)		Brille
gryta, -n	I	Topf
halt		hinkend, lahm

hundralapp, -en	II	Hundertkronenschein
husgeråd, -et (*koll.*)		Hausrat, Küchengerät
i förrgår		vorgestern
i förrgår kväll		vorgestern abend
i förrgår morse		vorgestern morgen
i går		gestern
i går kväll		gestern abend
i går morse		gestern morgen
i morgon bitti		morgen früh
i morgon kväll		morgen abend
i morse		heute morgen
inte alls		gar nicht
i övermorgon		übermorgen
i övermorgon kväll		übermorgen abend
jadå		ja, ja doch
kemtvätt, -en	II	Chemische Reinigung, Kleider zum Reinigen
kinesisk		chinesisch
klippa, -er håret	*schw.*	sich die Haare schneiden (lassen)
klänning, -en	II	Kleid
konstig		komisch
kopp, -en	II	Tasse
kudde, -n	II	Kissen
köksklocka, -n	I	Küchenuhr
lampkupa, -n	I	Lampenschirm
leverera, -r	*schw.*	liefern
lilla (*vgl.* liten)		
linne, -t	IV	(Leib)wäsche, Bettwäsche
lämna, -r	*schw.*	abliefern, -geben
lämna, -r in	*schw.*	abgeben, wegbringen
medan	*schw.*	während
möbel, -n	III	Möbel
ned		(*hier*:) hin
omklädningsrum, -met	V	Umkleidekabine
prova, -r	*schw.*	anprobieren
randig		gestreift
rea, -n = realisation, -en	III	Ausverkauf, Schlußverkauf
resebyrå, -n	III	Reisebüro
roa, -r sig	*schw.*	sich amüsieren
sitta barnvakt	satt, suttit barnvakt	„babysitten"
skicka, -r	*schw.*	schicken
skjorta, -n	I	Hemd
skötrum, -met	V	Wickelzimmer
stol, -en	II	Stuhl, Sessel
stund, -en	III	Weile
sås, -en	III	Soße

säng, -en	II	Bett
telegraf, -en	III	Telegraf, Gelegenheit zu telefonieren und zu telegrafieren
tia, -n	I	Zehnkronenschein
tioöring, -en	II	Zehn-Öre-Stück
tjugofemöring, -en	II	25-Öre-Stück
trikå, -n	III	Trikot, Trikotwaren
trottoar, -en	III	Bürgersteig
tröja, -n	I	Pullover, T-shirt
tusenlapp, -en	II	Tausendkronenschein
tvättinlämning, -en	II	Wäscheannahme
uträtta, -r	*schw.*	verrichten
vara slut, är slut	var, varit slut	fertig, am Ende sein
varit (=vi har varit) *vgl.* vara		
öga, -t	IV (ögon)	Auge

Lektion 11

all		aller, alle; der, die ganze
alltihop		alles zusammen
bild, -en	III	Bild
bort		weg
borta		(*hier:*) drüben
by, -n	II	Dorf
direktör, -en	III	Direktor
fakta (*plural*)		Fakten, Tatsachen
fiska, -r	*schw.*	angeln, fischen
fors, -en	II	Stromschnelle
fram		vor, nach vorn
fönster, fönstret	V	Fenster
förr		früher
förr i tiden		früher
försvinna, -er	försvann, försvunnit	verschwinden
gitarr, -en	III	Gitarre
gran, -en	II	Tanne, Fichte
gris, -en	II	Schwein
gård, -en	II	Hof
hobbyrum, -met	V	Hobbyraum
hugga, -er ner	högg, huggit ner	abholzen, fällen
hö, -et		Heu (Gras)
höns, -et	V	Huhn
idrotta, -r	*schw.*	Sport ausüben
in		hinein
ingenjör, -(e)n	III	Ingenieur

inne		drinnen
inte längre		nicht mehr
journalist, -en	III	Journalist
kanske		vielleicht
ko, -n	III (kor)	Kuh
kvarn, -en	II	Mühle
kyrka, -n	I	Kirche
lastbil, -en	II	Lastauto
livs = livsmedelsaffär		Lebensmittelgeschäft
mala, mal	*schw.*	mahlen
maskin, -en	III	Maschine
miljon, -en	III	Million
ner		hinunter, herunter
nere		unten, drunten
nuförtiden		heutzutage
päron, -et	V	Birne
rad, -en	III	Reihe
sjunga, -er	sjöng, sjungit	singen
skog, -en	II	Wald
släkt, -en	III	Verwandtschaft
sommarställe, -t	IV	Ferienhaus
sticka, -r	*schw.*	stricken
säd, -en	–	Getreide
söndagsvana, -n	I	Sonntagsgewohnheit
söt		süß
tant, -en	III	Tante; ältere Frau
tom		leer
traktor	III	Traktor
tvättstuga, -n	I	Waschraum, -küche
undersöka, -er	*schw.*	untersuchen
upp		hinauf
uppe		oben, droben
ut		hinaus, heraus
ute		unterwegs, draußen
vana, -n	I	Gewohnheit
veckotidning, -en	II	Wochenzeitung
visa, -n	I	Lied
växa, -er	*schw.*	wachsen
å, -n	II	Fluß
åker, -n	II	Acker

Lektion 12

alkohol, -en		Alkohol
allemansrätt, -en	(III)	„Recht für jedermann"
alltid		immer
annan		anderer, andere
antingen ... eller		entweder ... oder
avgas, -en	III	Abgas
backe, -en	II	Hang
begränsa, -r	*schw.*	begrenzen
benbrott, -et	V	Beinbruch
bilkö, -n	III	Autoschlange
blindtarmsinflammation, -en	III	Blinddarmentzündung
bondgård, -en	II	Bauernhof
brygga, -n	I	Landungsbrücke
brännskada, -n	I	Brandverletzung
buller, bullret	V	Lärm
både ... och ...		sowohl ... als auch
bär, -et	V	Beere
dörrkarm, -en	II	Türrahmen
efterrätt, -en	III	Nachspeise
fiskekort, -et	V	Fischereischein
fotboll, -en	II	Fußball
fridlysa, -er	*schw.*	unter Naturschutz stellen
få, -r	fick, fått	dürfen
för		(*hier*:) wegen
glömma, -er	*schw.*	vergessen
grind, -en	II	Gatter
gå, -r upp	gick, gått upp	aufstehen
helg, -en	III	Fest, Feiertag(e)
hit		hierhin, dahin
hjärnskakning, -en	II	Gehirnerschütterung
hjärtfel, -et	V	Herzfehler
huvud, -et	V	Kopf
hålla, -er	höll, hållit	halten
idé, -n	III	Idee
igen		wieder
iland		an Land
influensa, -n		Grippe
inom		innerhalb
jaga, -r	*schw.*	jagen
jakt, -en	III	Jagd
jaktlicens, -en	III	Jagdschein
jourhavande		diensthabend
kalla, -r	*schw.*	nennen, rufen
kallas, –	*schw.*	genannt werden

kamma, -r sig	*schw.*	sich kämmen
karm, -en	II	Rahmen
klara, -r sig	*schw.*	zurechtkommen
klippa, -er sig	*schw.*	sich die Haare schneiden (lassen)
klä, -r på sig	*schw.*	sich anziehen
krocka, -r	*schw.*	zusammenstoßen
känna, -er	*schw.*	kennen
kö, -n	III	Schlange
köra, kör om	*schw.*	überholen
lova, -r	*schw.*	versprechen
lugn		ruhig
lunginflammation, -en	III	Lungenentzündung
längta, -r	*schw.*	sich sehnen
lära, lär sig	*schw.*	lernen
mark, -en	III	Boden, Grund
markägare, -n	V	Grundbesitzer
—, måste	(måste)	muß
möjlig		möglich
möjligen		möglicherweise
natur, -en	III	Natur
naturligtvis		natürlich
naturskyddsförening, -en	II	Naturschutzverein
naturvårdsverk, -et	V	Naturschutzbehörde
nejdå		aber nein
nerför trappan		die Treppe hinunter
någon annans		eines anderen
område, -t	IV	Gebiet
ont		weh
operera, -r	*schw.*	operieren
orolig		unruhig
otrevlig		unangenehm, unsympathisch
pjäs, -en	III	Theaterstück
privat		privat
raka, -r sig	*schw.*	sich rasieren
ramla, -r	*schw.*	fallen, hinfallen
ren		sauber
ringa, -er	*schw.*	klingeln
rond, -en	III	Visite
röra, rör sig	*schw.*	sich bewegen
sen		dann; spät
sig		sich
sjukhus, -et	V	Krankenhaus
skidbacke, -n	II	Skipiste, Skihang
skriva, -er ut	skrev, skrivit ut	entlassen
skräpa, -r ner	*schw.*	verschmutzen, verschandeln
skön		schön, angenehm

slå, -r	slog, slagit	schlagen
sova, -er	sov, sovit	schlafen
strand, -en	III+	Strand
syster, -n	II	(Kranken)schwester
så gott som		so gut wie
ta det lugnt		sich nicht aufregen
tidig		früh
till		(*hier*:) noch
tomt, -en	III	Grundstück
tro, -r	*schw.*	glauben
tälta, -r	*schw.*	zelten
upptagen		beschäftigt
utan		sondern
utanför		außerhalb
utom		außer
vara uppe	var, varit uppe	auf sein
varken ... eller		weder ... noch
vistas, –	*schw.*	sich aufhalten
vårda, -r	*schw.*	pflegen
vårdas, – för ...	*schw.*	wegen ... in Behandlung sein
väckarklocka, -n	I	Wecker
vända, -er sig	*schw.*	sich wenden
äga, -er	*schw.*	besitzen
ägare, -n	V	Besitzer
öppna, -r	*schw.*	aufmachen
överallt		überall

Lektion 13

alldeles för högt		viel zu laut
allra		am aller...
allt populärare		immer populärer
apparat, -en	III	Apparat, Gerät
aptit, -en		Appetit
begagnad		gebraucht
biff, -en	II	Beefsteak
bonde, -n	III+	Bauer
bord, -et	V	Tisch
chokladkaka, -n	I	Tafel Schokolade
decibel		Dezibel
det hörs	*schw.*	man hört es
direkt		direkt
dom = de		
dugg (*vgl.* inte ett dugg)		
döv		taub
evenemang, -et	V	Ereignis

fixa, -r	*schw.*	hinkriegen, in Ordnung bringen
fritidsaktivitet, -en	III	Freizeitbeschäftigung
få		wenige
färre		weniger
följa, -er	*schw.*	verfolgen
genom		durch
glass, -en		Speiseeis
god, gott		gut
godare = bättre		besser
granne, -n	II	Nachbar
hål, -et	V	Loch
hög		laut
inget = ingenting		nichts
ingående		eingehend
inte ett dugg		rein gar nichts
inte någon = ingen		kein, keine (*Singular*)
jo		doch
jorden		die Erde
kulturevenemang, -et	V	kulturelles Ereignis
kvalitet, -en	III	Qualität
leksak, -en	III	Spielzeug
leksaksballong, -en	III	Kinderballon
lite		ein wenig
lite grann (litet grand)		ein bißchen
ljud, -et	V	Laut, Ton
ljus		hell
luft, -en		Luft
lägga, -er sig	lade, lagt sig	sich (schlafen)legen
låg		leise
lätt		leicht
mage, -n	II	Magen
mer(a) (*vgl.* mycket)		
mild		mild
mindre (*vgl.* liten)		
mörk		dunkel
nära		nahe
oändlighet, -en	III	Unendlichkeit
populär		beliebt
portion, -en	III	Portion
prick, -en	II	Punkt, Pünktchen
sa = sade (*vgl.* säga)		
sjukdom, -en	II	Krankheit
skadlig		schädlich
skola, -n	I	Schule
smak, -en	III	Geschmack
spritsa, -r	*schw.*	spritzen

stark		stark
ställa, -er in	*schw.*	einstellen
störa, stör	*schw.*	stören
säker		sicher
sämre (*vgl.* dålig)		
sänka ljudet	*schw.*	leiser stellen
sätta, -er (sig)	satte, satt (sig)	(sich) setzen
sätta, -er upp ljudet		lauter stellen
tablett, -en	III	Tablette
test, -et	V	Test
text, -en	III	Text
tills		bis
trängsel, -n		Gedränge
tub, -en	III	Tube
tvål, -en	II	Seife
under		darunter, während
upptäcka, -er	*schw.*	entdecken
va = vad		was (bekräftigender Ausdruck)
vanilj		Vanille
vägg, -en	II	Wand
än		als
ändå		noch
ännu		noch
ö, -n	II	Insel
önska, -r	*schw.*	wünschen

Lektion 14

anka, -n	I	Ente
anteckna, -r	*schw.*	notieren
aperitif, -en	III	Aperitif
arm, -en	II	Arm
basfiol, -en	III	Baßgeige
be, -r	bad, bett	bitten
bjuda, -er	bjöd, bjudit	einladen
blankett, -en	III	Formular
bråkig		laut
champinjon, -en	III	Champignon
de		diese (*Plural*)
de här		diese (*Plural*)
den		dieser, diese (*Singular*)
denna		dieser, diese (*Singular*)
dessa		diese (*Plural*)
det		dieses
det här		dieses

detta		dieses
det är jämnt		es stimmt so
efteråt		hinterher
enda		(der, die, das) einzige
enkelrum, -met	V	Einzelzimmer
ett ... till		noch ein ...
fin		fein
flera		mehrere
fläck, -en	II	Fleck
frukost, -en	II	Frühstück
fröken		Fräulein
fylla, -er i	*schw.*	ausfüllen
få se		mal sehen
färs, -en		Hackfleisch
född		geboren
förra		vorigen, vorige, voriges
glas, -et	V	Glas
goddag		guten Tag
god natt		gute Nacht
gratinera, -r	*schw.*	überbacken
grädde, -n		Sahne
gräddsås, -en	III	Rahmsoße
Hamburgarrestaurang, -en	III	Restaurant, in dem man ,,Hamburger" bekommt
helgeflundra, -n	I	Heilbutt
hiss, -en	II	Aufzug
högra		(der, die, das) rechte
ingrediens, -en	III	Zutat
innan		vorher
inte så värst		nicht gar so
i år		dieses Jahr, heuer
jaha		ach so
jämnt (*vgl.* det är jämnt)		
kalender, -n	II	Kalender
kalvstek, -en	II	Kalbsbraten
karaff, -en	III	Karaffe
kille, -n	II	junger Mann
kokt		gekocht
lax, -en	II	Lachs
låta, -er	lät, låtit	klingen
matsedel, -n	II	Speisekarte
medborgare, -n	V	(Mit)bürger
nyckel, -n	II	Schlüssel
nästa		nächste
pepparrotsås, -en	III	Meerrettichsoße
reception, -en	III	Rezeption
ripa, -n	I	Schneehuhn

rödvin, -et	III	Rotwein
rökt		geräuchert
schweizare, -n	V	Schweizer
servitris, -en	III	Bedienung (weiblich)
sista		(der, die, das) letzte
starköl, -et	(V)	Starkbier
stiga, -er upp	steg, stigit upp	aufstehen
vaktel, -n	II	Wachtel
var för sig		jeder für sich
väcka, -er	*schw.*	wecken
vänstra		(der, die, das) linke
värst (zu „illa")		am schlimmsten
älgstek, -en	II	Elchsteak
över		darüber

Lektion 15

arbete, -t	IV	Arbeit
barnbarn, -et	V	Enkel
bevara, -r	*schw.*	bewahren
bror, brodern	bröder	Bruder
brorsdotter, -n	II+	Nichte
brorson, -en	III+	Neffe
bröllop, -et	V	Hochzeit
det blixtrar	*schw.*	es blitzt
det blåser	*schw.*	es ist windig
det haglar	*schw.*	es hagelt
det känns	*schw.*	man spürt (es)
det mulnar	*schw.*	es bezieht sich
det märks	*schw.*	man merkt es
det regnar	*schw.*	es regnet
det snöar	*schw.*	es schneit
det åskar	*schw.*	es donnert
dotterdotter, -n	II+	Enkelin
dotterson, -en	III+	Enkel
död		tot
död, -en	(II)	Tod
emot		gegen
fantastisk		phantastisch
far, fadern	fäder	Vater
farfar, -n -fadern	-fäder	Großvater väterlicherseits
farföräldar (*Plural*)		Großeltern väterlicherseits
farmor, -n, -modern	mödrar	Großmutter väterlicherseits
faster, -n	II	Tante väterlicherseits
fluga, -n	I	Fliege
flytta, -r	*schw.*	umziehen

flytta, -r ihop	*schw.*	zusammenziehen
fortsätta, -er	fortsatte, fortsatt	weitermachen
full		voll
färdig		fertig
förlova, -r sig	*schw.*	sich verloben
förnt		vorher, früher
gemensam		gemeinsam
gift		verheiratet
gifta, -er sig	*schw.*	heiraten
grad, -en	III	Grad
huvudsak, -en	III	Hauptsache
hålla, -er ihop	höll, hållit ihop	zusammenhalten
hålla, -er masken		das Gesicht wahren
i längden		auf die Dauer
i sommar		diesen Sommer; dieses Jahr im Sommer
i somras		vorigen Sommer
i vintras		vorigen Winter
kurs, -en	III	Kurs
kusin, -en	III	Kusine, Vetter
kännas (*vgl.* det känns)	*schw.*	
kär i		verliebt in
kärlek, -en	II	Liebe
lantbrukare, -n	V	Landwirt
låtsas, –	*schw.*	so tun als ob
inte låtsas om		sich nichts anmerken lassen
lägenhet, -en	III	Wohnung
länge		lange
mask, -en	III	Maske
mena, -r	*schw.*	meinen
minnas, minns	*schw.*	sich erinnern
morbror, -n, -brodern	-bröder	Onkel mütterlicherseits
morfar, -n, -fadern	-fäder	Großvater mütterlicherseits
morföräldrar (*Plural*)	II	Großeltern mütterlicherseits
mormor, -n, -modern	-mödrar	Großmutter mütterlicherseits
moster, -n	II	Tante mütterlicherseits
märkas (*vgl.* det märks)		
nöjd		zufrieden
porto, -t	IV	Porto
på väg		unterwegs
sakna, -r	*schw.*	vermissen
samvete, -t	IV	Gewissen
samvetsäktenskap, -et	V	„Gewissensehe"
separera, -r	*schw.*	sich trennen
skiljas, skiljs	*schw.*	sich scheiden lassen
skilsmässa, -n	I	Scheidung
slåss, –	slogs, slagits	sich prügeln

släkting, -en	II	Verwandter
småningom, så småningom		allmählich
snö, -n		Schnee
son, -en	III+	Sohn
sondotter, -n	-döttrar	Enkelin
sonson, -en	III+	Enkel
svåger, -n	II	Schwager
svägerska, -n	I	Schwägerin
svärdotter, -n	-döttrar	Schwiegertochter
svärfar, -n, -fadern	-fäder	Schwiegervater
svärföräldrar (*Plural*)		Schwiegereltern
svärson, -en	III+	Schwiegersohn
svärmor, -n, -modern	-mödrar	Schwiegermutter
syskon, -et	V	Geschwister
syster, -n	II	Schwester
systerdotter, -n	-döttrar	Nichte
systerson, -en	III+	Neffe
sällan		selten
södra		(der, die, das) südliche
till och med. t. o. m.		sogar
tradition, -en	III	Tradition
trivas, trivs	*schw.*	sich wohl fühlen
trygg		geborgen
(töras), törs	tordes, torts	(sich trauen) traut sich
undra, -r	*schw.*	sich fragen, wissen mögen
utvandra, -r	*schw.*	auswandern
vanlig		gewöhnlich
väldig		riesig, sehr
vänja, -er sig	vande, vant sig	sich gewöhnen
vänta, -r barn	*schw.*	schwanger sein
ålderdomshem, -met	V	Altersheim
äktenskap, -et	V	Ehe
ärva, -er	*schw.*	erben

Lektion 16

afton, -en	aftnar	Abend
akt, -en	III	Akt
annandag jul		zweiter Weihnachtsfeiertag
annandag påsk		Ostermontag
anonym		anonym
arbetarrörelse, -n	III	Arbeiterbewegung
arbetskamrat, -en	III	Arbeitskamerad
au-pair-flicka, -n	I	Au-pair-Mädchen
avdelningschef, -en	III	Abteilungsleiter
blomma, -r	*schw.*	blühen
borsta, -r	*schw.*	putzen

brasa, -n	I	offenes Feuer
dags att lägga sig		Zeit schlafen zu gehen
dansa, -r	*schw.*	tanzen
delta, -r	deltog, deltagit	teilnehmen
demonstration, -en	III	Demonstration
diabild, -en	III	„Dia"
dryg		gut, reichlich
dräng, -en	II	Knecht
fackförening, -en	II	Gewerkschaft
flickvän, -nen	III	Freundin
födelsedag, -en	II	Geburtstag
förra året		letztes Jahr
för ... sedan		vor
Gott Nytt År		Ein Gutes Neues Jahr
grå		grau
gäst, -en	III	Gast
helgdag, -en	II	Feiertag
hit		(hier)her
härlig		herrlich
infalla, -er (på)	inföll, infallit	fallen auf
jul, -en	II	Weihnachten
julafton, -en	II	Heiligabend
juldag, -en	II	Erster Weihnachtsfeiertag
jultomte, -n	II	Weihnachtsmann
kalas, -et	V	Fest(essen), Feier
knopp, -en	II	Knospe
kring		um ... herum
leka, -er	*schw.*	spielen
Lucia		Lucia (Name der schwed. Lichterkönigin)
Luciafirandet		Feier des Luciafestes
lunchrast, -en	III	Mittagspause
lyssna, -r på nyheterna	*schw.*	Nachrichten hören
lyssna, -r till	*schw.*	zuhören
långfredag, -en		Karfreitag
läsa, -er	*schw.*	lesen, studieren
läsa läxorna	*schw.*	Hausaufgaben machen
majstång, -en	-stänger	„Maibaum"
massmöte, -t	IV	Massenversammlung
mata, -r	*schw.*	füttern
nation, -en	III	„Nation", Studentenschaft einer „landskap" (*vgl. das*)
nationalekonomi, -n		Volkswirtschaft
nyhet, -en	III	Neuigkeit, (*Plural*:) Nachrichten
nyår, -et	V	Neujahr
nyårsafton, -en	-aftnar	Silvester

olja, -n	I	Öl
ordna, -r		veranstalten
pingst, -en	II	Pfingsten
pingstdag, -en	II	Pfingstsonntag
presentera, -r (för någon)	*schw.*	(jemandem) vorstellen
påsk, -en	III	Ostern
påskdag, -en	II	Ostersonntag
resa, -er	*schw.*	aufrichten, -stellen
runtom		ringsum, überall
rörlig		beweglich
silverbröllop, -et	V	Silberne Hochzeit
slut, -et	V	Schluß, Ende
springa, -er	sprang, sprungit	laufen
sträcka, -n	I	Strecke
student, -en	III	Student
studentkamrat, -en	III	Kommilitone
studiecirkel, -n	II	Kurs
sång, -en	III	Lied, Gesang
sångkör, -en	III	Sängerchor
tentamen, –	tentamina	Prüfung
tillhöra, -hör	*schw.*	angehören
tåga, -r	*schw.*	ziehen
tända, -er	*schw.*	anzünden
utländsk		ausländisch
utnämning, -en	II	Ernennung
Valborgsmässoafton		„Walpurgisnacht"
vara med om, är med om	var, varit	bei ... dabeisein
visa, -r	*schw.*	zeigen
vårvisa, -n	I	Frühlingslied
ägg, -et	V	Ei
även		auch
ölburk, -en	II	Bierdose

Lektion 17

adjö		auf Wiedersehen (-hören)
banktjänsteman, -nen	-män	Bankangestellter (-gestellte)
bostad, -en	III+	Wohnung
bostadsförmedling, -en	II	Wohnungsvermittlung (-amt)
bussförbindelse, -n	III	Busverbindung
bygga, -er	*schw.*	bauen
dispensärmottagning, -en	II	Röntgenstelle
fabrik, -en	III	Fabrik
faktiskt		doch, eigentlich
fika, -r	*schw.*	Kaffee trinken
för närvarande (f. n.)		zur Zeit

gilla, -r	*schw.*	mögen
god morgon		guten Morgen
greja, -r	*schw.*	erledigen, machen
gå ronden	gick, gått ronden	Visite machen
ha, -r med	hade, haft med	dabeihaben
halvlek, -en		Halbzeit
i alla fall (*Plural*)		auf jeden Fall
inget vidare		nicht besonders
Jugoslavien		Jugoslawien
just (schysst)		in Ordnung, zuverlässig
jätte-		riesig, sehr
kavaj, -en	III	Jacke, Sacco
kilometer, -n	kilometer	Kilometer
konditori, -et	III	Konditorei
kontor, -et	V	Büro
koppla, -r (till)	*schw.*	verbinden (mit)
kompis, -en	II	guter Freund, „Kumpel"
låna, -r	*schw.*	leihen
lärare, -n	V	Lehrer
mottagning, -en	II	Aufnahme
norrlänning, -en	II	Mann aus Norrland
norr om		nördlich von
ont om jobb		wenig Arbeit(splätze)
passa, -r	*schw.*	passen
portier, -n	III	Portier
remiss, -en	III	Überweisung
riktig		richtig
sekreterare, -n	V	Sekretär(in)
skriva, -er på	skrev, skrivit på	unterschreiben
skärmbildning, -en	II	Röntgenaufnahme
skärmbildsundersökning, -en	II	Röntgenuntersuchung
smaka, -r	*schw.*	schmecken
spänn (*unveränderl.*)	spänn	(*umgangssprachl. für*:) schwedische Krone
sticka, -er	stack, stuckit	abhauen
stryka, -er	strök, strukit	streichen
ställe, -t	IV	Lokal
söka, -er	*schw.*	suchen
tala, -r om	*schw.*	erzählen, sagen
telefonsamtal, -et	V	Telefongespräch
tjej, -en	III	Mädchen
trerumslägenhet, -en	III	Dreizimmerwohnung
ungefär		ungefähr
växel, -n	II	Telefonzentrale
åt		für
återkomma, -er	återkom, återkommit	wiederkommen

Lektion 18

annan		(eine) andere
ansjovis, -en	II	Anschovis
antal, -et	V	Anzahl
använda, -er	*schw.*	anwenden
begriplig		begreiflich
bergsmanshem, -met	V	Haus eines Bergmanns
bibel, -n	II	Bibel
biblisk		biblisch
bildspråk, -et	V	Bildsprache
blomster, blomstret	V	Blume
bortrest		verreist
bättringspredika, -n	-predikningar	Bußpredigt, Besserungspredigt
dalmålare, -n	V	Maler aus Dalarna
dalmålning, -en	II	Malerei aus Dalarna
deciliter, -n (dl)	-liter	Deziliter
dekoration, -en	III	Ornament, Schmuck
drottning, -en	II	Königin
egen, eget, egna		eigener, eigene, eigenes; eigene
eldfast		feuerfest
folklig		volkstümlich
form, -en	III	Form
framställning, -en	II	Darstellung
frestelse, -n	III	Versuchung
fräsa, -er	*schw.*	schmoren
färd, -en	III	Fahrt
förekomma, -er	förekom, förekommit	vorkommen
förhärska, -r	*schw.*	vorherrschen
Gamla Testamentet		Das Alte Testament
genrebild, -en	III	Genrebild
grupp, -en	III	Gruppe, Kurs
guldgul		goldgelb
gurka, -n	I	Gurke
gurkväxt, -en	III	Gurkenpflanze
historisk		historisch
huvudkälla, -n	I	Hauptquelle
hälft, -en	III	Hälfte
hälla, -er på	*schw.*	daraufgießen
inneboende		in Untermiete
inslag, -et	V	Zug, Komponente
jämförelsevis		vergleichsweise
kall		kalt
katalog, -en	III	Katalog
konst, -en	III	Kunst

konstart, -en	III	Kunstart
konung, -en (= kung)	II	König
krukväxt, -en	III	Topfpflanze
krönika, -n	I	Chronik
kurbits, -en	II	Kürbis
lager, lagret	V	Schicht
lök, -en	II	Zwiebel
material, -et		Material
matrecept, -et	V	Kochrezept
matsked, -en (msk)	II	Eßlöffel
medelgod		mittlere
miljö, -n	III	Umwelt
motiv, -et	V	Motiv
måla, -r	*schw.*	malen
målare, -n	V	Maler
måleri, -et	III	Malerei
målning, -en	II	Gemälde
nymålad		frisch gestrichen
obebodd		unbewohnt
papper, -et	V	Papier
psalm, -en	III	Psalm
psalmbok, -en	-böcker	Psalmbuch
rätt, -en	III	Gericht
sakta		langsam
scen, -en	III	Szene
skala, -r	*schw.*	schälen
skiva, -n	I	Scheibe
skivad		in Scheiben geschnitten
skjorta, -n	I	Hemd
skölja, -er	*schw.*	spülen
smord		eingefettet
smörja, -er	smorde, smort	einfetten
som		als
spad, -et	—	Brühe
språk, -et	V	Sprache
späda, -er	*schw.*	verdünnen
stjäla, stjäl	stal, stulit	stehlen
storbondegård, -en	II	Hof eines Großbauern
storlek, -en	II	Größe
strimla, -r	*schw.*	in Streifen schneiden
stärkelse, -n		Stärke
såväl ... som		sowohl ... als auch
tallrik, -en	II	Teller
tidsperiod, -en	III	Zeitabschnitt
till en början		anfangs
tillkomma, -er	tillkom, tillkommit	entstehen
tjock		dick

torka, -r	*schw.*	trocknen
trakt, -en	III	Gegend
trycka, -er	*schw.*	drucken
träsnitt, -et	V	Holzschnitt
ugn, -en	II	Ofen
ugnsvärme, -n		Ofenhitze
underst		zuunterst
uppfatta, -r	*schw.*	auffassen
uppsats, -en	III	Aufsatz
utöva, -r	*schw.*	ausüben
vad kallas	*schw.*	wie nennt man
varva, -r ned	*schw.*	schichten
vattna, -r	*schw.*	gießen
väsentlig		wesentlich
väv, -en	II	Gewebe, gewebtes Tuch
växt, -en	III	Pflanze
överföra, -för	*schw.*	übertragen
överst		zuoberst
översätta	-satte, -satt	übersetzen, -tragen

Lektion 19

absolut		absolut
allihopa		alle miteinander
avbrott, -et	V	Abbruch
avbryta, -er	avbröt, avbrutit	abbrechen
ballong, -en	III	Ballon
befinna, -er sig	befann, befunnit sig	sich befinden
bensin, -en		Benzin
bensinstation, -en	III	Tankstelle
beredd		bereit
bilbälte, -t	IV	Sicherheitsgurt
bilbärgare, -n	V	Abschleppfirma
bilglasbyte, -t	IV	Auswechseln der Autofenster
bilnummer, -numret	V	Autokennzeichen
blåsa, -er	*schw.*	blasen, pusten
bombplan, -et	V	Bombenflugzeug
bondkärra, -n	I	Bauernkarren
bosatt		wohnhaft, ansässig
bår, -en	II	Bahre
bänk, -en	II	Bank
bärgning, -en	II	Abschleppen, Bergung
böter (*Plural*)		Bußgeld
den sjuke		der Kranke
dra, -r in	drog, dragit in	entziehen

dygn, -et	V	24 Stunden, Tag und Nacht
dygnet runt		rund um die Uhr
då		wenn, weil
efter det att		nachdem
eftersom		weil, da
fastän		obwohl
fatta, -r	*schw.*	begreifen
filt, -en	II	Wolldecke
folköl, -et	(V)	„Volksbier", Normalbier
forsla, -r	*schw.*	transportieren
frysa, -er	frös, frusit	frieren
förlåt?		wie bitte?
försiktig		vorsichtig
förstås		natürlich
försäljning, -en	II	Verkauf
gå, -r åt	gick, gått åt	draufgehen
ha, -r lust	hade, haft lust	Lust haben
halvljus, -et	V	Abblendlicht
hamna, -r i	*schw.*	landen, geraten in
hastighet, -en	III	Geschwindigkeit
hastighetsmätare, -n	V	Tachometer
helljus, -et	V	Fernlicht
hemresa, -n	I	Heimreise
hända, -er	*schw.*	passieren
i början av		anfangs
ifall		falls
innan		bevor
knappast		kaum
kolla, -r	*schw.*	kontrollieren
kollidera, -r	*schw.*	zusammenstoßen
krig, -et	V	Krieg
körkort, -et	V	Führerschein
larmcentral, -en	III	Zentrale des Straßendienstes
larmtjänst, -en	III	Straßendienst, Bereitschaftsdienst
låsöppning, -en	II	Schlüsseldienst, „Schloßöffnung"
låta, -er (bli)	lät, låtit (bli)	(bleiben) lassen
lämna, -r	*schw.*	lassen
medlem, -men	II	Mitglied
missöde	IV	Panne
motorväg, -en	II	Autobahn
Nordsverige		Nordschweden
nästan		beinahe
nödfall, -et	V	Notfall

parkera, -r fel	*schw.*	falsch parken
party, -t	-n	Party
plötsligt		plötzlich
polis, -en	III	Polizist
poliskontroll, -en	III	Polizeikontrolle
på väg hem		auf dem Nachhauseweg
rabatt, -en	III	Rabatt
regional		regional
rekvirera, -r	*schw.*	requirieren, beschlagnahmen
reparation, -en	III	Reparatur
rock, -en	II	Mantel
rycka, -er ut	*schw.*	ausrücken, zu Hilfe kommen
råd, -et	V	Rat
råka, -r (vara)	*schw.*	zufällig (sein)
råka, -r ut för	*schw.*	geraten in, erleiden
samhälle, -et	IV	Ortschaft
sedan		nachdem
servett, -en	III	Serviette
serviceinrättning, -en	II	Servicebetrieb
skaffa, -r	*schw.*	beschaffen, sich zulegen
skjuts, -en	II	Mitfahrgelegenheit
släppa, -er av	*schw.*	absetzen
snabb		schnell
sprit, -en		Alkohol
stoppa, -r	*schw.*	stoppen, anhalten
stång, -en	stänger	Stange
ständig		dauernd
svenskskyltad		mit schwedischem Nummernschild
Sydsverige		Südschweden
tillfällig		vorübergehend
tillkalla, -r	*schw.*	rufen, holen
tillåten		erlaubt, zulässig
trots att		obwohl
tvinga, -r	*schw.*/tvang, tvungit	zwingen
täcka, -er in	*schw.*	erfassen
tättbebyggd		dicht besiedelt
uppfatta, -r	*schw.*	verstehen
uthyrning, -en	II	Vermietung
uträtta, -r	*schw.*	ausrichten
varselljus, -et	V	Standlicht
var ... än		wo auch immer
vänlig		freundlich
åstadkomma, -er	-kom, -kommit	zustande bringen
älg, -en	II	Elch

Lektion 20

allmänna tilläggspensionen (ATP)		allgemeine Zusatzrente
ansträngande		anstrengend
arbetslös		arbeitslos
en arbetslös	(*Plural*: arbetslösa)	ein Arbeitsloser
arbetslöshet, -en	—	Arbeitslosigkeit
arbetslöshetsunderstöd, -et	V	Arbeitslosenunterstützung
avbetalning, -en	II	Ratenzahlung
barnavårdscentral, -en	III	ärztliche Betreuungsstelle für Kinder
barnbidrag, -et		Kindergeld
bero, -r på	*schw.*	beruhen auf, abhängen von
besök, -et	V	Besuch
besöka, -er	*schw.*	besuchen
bidrag, -et	V	Zuschuß, Beihilfe
bolag, -et	V	Gesellschaft
bosättning, -en	II	Haushaltsgründung
bosättningslån, -et	V	Ehestandsdarlehen
central, -en	III	Zentrale
dagmamma, -n	I	Tagesmutter
den som, det som, de som		wer, (das,) was; derjenige, der; diejenige, die; diejenigen, die
därtill		dazu
ersätta, -er	ersatte, ersatt	ersetzen, erstatten
ersättning, -en	II	Erstattung
fascinera, -r	*schw.*	faszinieren
felparkerad		falsch geparkt
flytande		fließend
folkpension, -en		Grundrente
folksamling, -en	II	Menschenmenge
fylla, -er år; fylla (16) år	*schw.*	Geburtstag haben, (16) werden
fästman, -nen	-män	Verlobter
förlora, -r	*schw.*	verlieren
förlossning, -en	II	Entbindung
förmån, -en	III	Vergünstigung
försäkra, -r	*schw.*	versichern
försäkring, -en	II	Versicherung
försäkringskassa, -n	I	„Versicherungskasse", Versicherungsanstalt
förvåna, -r	*schw.*	erstaunen, wundern
förvärvsarbeta, -r	*schw.*	erwerbstätig sein
föräldrapenning, -en		Elterngeld

glädja, gläder	gladde, glatt	freuen
gratis		kostenlos
grav, -en	II	Grab
gravid		schwanger
graviditet, -en	III	Schwangerschaft
grundskola, -n	I	Grundschule
gymnasieskola, -n	I	Gymnasialschule
gymnasium, gymnasiet	gymnasier	Gymnasium
hjälp, -en		Hilfe
göra succé, gör succé	gjorde, gjort s.	Erfolg haben
hälsa, -n		Gesundheit
hälsokontroll, -en	III	Gesundheitskontrolle
högskola, -n	I	Hochschule
inbrott, -et	V	Einbruch
industrisamhälle, -t	IV	Industriegesellschaft
klar		fertig
kontrollera, -r	*schw.*	kontrollieren
kostnadsfri		kostenlos
ledighet, -en	III	Freizeit
lika		gleich
lån, -et	V	Darlehen
lära, -n	I	Lehre
lön, -en	III	Gehalt, Lohn
medicin, -en	III	Medizin
måltid, -en	III	Mahlzeit
mödravårdscentral, -en	III	Mütterbetreuungsstelle
nygift		neuvermählt
nämna, -er	*schw.*	erwähnen
något som		(etwas) was
omskola, -r	*schw.*	umschulen
omskolning, -en	II	Umschulung
omskolningsbidrag, -et	V	Umschulungszuschuß
(ha) ont om pengar		knapp bei Kasse (sein)
penning, -en	II	Geld(stück)
pension, -en	III	Rente, Pension
pensioneras, –	*schw.*	in Pension gehen
pensionär, -en	III	Rentner
rest, -en	III	Rest
rådgivning, -en	II	Beratung
samhälle, -t	IV	Gesellschaft
samling, -en	II	Versammlung
samt		sowie
sann		wahr
sjukpenning, -en		Krankengeld
skolbarn, -et	V	Schulkind
skolmaterial, -et		Lernmittel
skolmåltid, -en	III	Schulspeisung

skriva, -er ut	skrev, skrivit ut	verschreiben
snacka, -r	*schw.*	(*umgangssprachl. für*:) sprechen, reden
social		sozial
som mest		am meisten
statlig		staatlich
studera, -r	*schw.*	studieren
studielån, -et	V	Studiendarlehen
studiestöd, -et	V	Unterstützung während des Studiums
studium, studiet	studier	Studium
stöd, -et	V	Unterstützung
stödja, -(j)er	*schw.* (stödde, stött)	(unter)stützen
succé, -n	III	Erfolg
(vara) tal om		die Rede (sein) von
tandläkare, -n	V	Zahnarzt
tillägg, -et	V	Zuschlag, Zusatz
(för)tjäna, -r	*schw.*	verdienen
trygghet, -en		Geborgenheit
understöd, -et	V	Unterstützung
utbilda, -r (sig)	*schw.*	(sich) ausbilden
utbildning, -en	II	Ausbildung
vaccinera, -r	*schw.*	impfen
vad som		was
vagga, -n	I	Wiege
vars (*vgl.* som)		
vård, -en		Pflege, Betreuung
värld, -en	II	Welt
ålderspension, -en	III	Altersrente

Lektion 21

allt		(*hier*:) jedenfalls, eben
alternativ, -et	V	Alternative
annars		sonst, im übrigen
arbetslag, -et	V	Arbeitskolonne, „Team"
badminton		Federball
bastu, -n	III	Sauna
bostadsområde, -t	IV	Wohngebiet, Wohnsiedlung
bullerstudio, -n	III	schalldichter Raum
bygemenskap, -en	III	Dorfgemeinschaft
det borde (*vgl.* böra)		
dille, -et		Tick, Fimmel
diskutera, -r	*schw.*	diskutieren
erfarenhet, -en	III	Erfahrung
fotolabb, -et	V	Fotolabor

framkalla, -r	*schw.*	entwickeln
framtid, -en	III	Zukunft
fungera, -r	*schw.*	funktionieren
få lov	fick, fått lov	dürfen
förresten		übrigens
förstora, -r	*schw.*	vergrößern
gemenskap, -en	III	Gemeinschaft
gubbe, -n	II	alter Mann (*hier*:) älterer Mann
ha, -r dille på	hade, haft	verrückt sein auf
hela dagen		den ganzen Tag
hålla på (med)	höll, hållit på	beschäftigt sein (mit)
i lugn och ro		in aller Ruhe, ungestört
informationsblad, -et	V	Informationsblatt
inreda, -er	*schw.*	einrichten
intervju, -n	III	Interview
jazzband, -et	V	Jazzband
ju ... ju; ju ... desto		je ... desto
kamrat, -en	III	Kamerad
kollektiv		kollektiv
kontaktlös		kontaktlos
kul		prima, dufte, toll
liksom		so was wie
liv, -et	V	Leben
lära, lär av	*schw.*	lernen von
mekanikerverkstad, -en	III+	mechanische Werkstatt
mena, -r	*schw.*	behaupten wollen
nattklubb, -en	II	Nachtlokal
nyinredd (*vgl.* inreda)		neu eingerichtet
nånting = någonting		etwas
nähä = nej		
papper, -et	V	Papier; Schein, Bescheinigung
redan		schon
respektera, -r	*schw.*	respektieren
samhem, -met	V	„Heim für alle"
se, -r på	såg, sett på	zuschauen
skrubb, -en	II	Rumpelkammer
småungar		Kleinkinder
snickeri, -et	III	Schreinerei, Tischlerei
snickra, -r	*schw.*	schreinern, tischlern
sova, -er middag	sov, sovit middag	Mittagsschlaf halten
stekhett		höllisch heiß
storfamilj, -en	III	Großfamilie
svarva, -r	*schw.*	drechseln
så kallad		sogenannt
ta, -r vara på	tog, tagit vara på	bewahren

tryckeri, -et	III	Druckerei
trä, -(e)t	IV	Holz
unge, -n	II	Kind
uppfattning, -en	II	Auffassung
utbyta, -er	*schw.*	austauschen
verkstad, -en	III+	Werkstatt
växa, -er upp	*schw.*	aufwachsen
åldersgräns, -en	III	Altersgrenze

B. Alphabetisches Wörterverzeichnis

(Beachten Sie: å, ä und ö stehen am Schluß des schwedischen Alphabets!)

A

absolut	absolut	19
adjö	auf Wiedersehen (-hören)	17
(en) adress	Adresse	7
(en) affär	Geschäft, Laden	5
(en) afton	Abend	16
(en) akt	Akt	16
aldrig	nie	3
(en) alkohol	Alkohol	12
all	aller, alle; der, die ganze	11
alla	alle	3
alldeles	ganz	7
alldeles för högt	viel zu laut	13
(en) allemansrätt	Recht für jedermann	12
allihopa	alle miteinander	19
allmänna tilläggspensionen (ATP)	allgemeine Zusatzrente	20
allra	am aller...	13
allt	alles	9
allt populärare	immer populärer	13
alltid	immer	12
alltihop	alles zusammen	11
allting	alles	3
alltsammans	alles (zusammen)	4
alltså	also	5
(ett) alternativ	Alternative	21
(en) ambulans	Krankenwagen	5
andra	andere	2
andra	zweite	6
(en) anka	Ente	14
annan	anderer, andere	12
annandag jul	zweiter Weihnachtsfeiertag	16
annandag påsk	Ostermontag	16
annars	sonst, im übrigen	21
annat	anderes	5
anonym	anonym	16
anse	meinen, finden	9
(en) ansjovis	Anschovis	18
ansträngande	anstrengend	20
(ett) antal	Anzahl	18
anteckna	notieren	14
antingen ... eller	entweder ... oder	12

använda	anwenden	18
(en) apelsin	Orange	4
(en) apelsinsaft	Orangensaft (zum Verdünnen)	4
(en) aperitif	Aperitif	14
(ett) apotek	Apotheke	5
(en) apparat	Apparat, Gerät	13
april	April	6
(en) aptit	Appetit	13
arbeta	arbeiten	8
(ett) arbete	Arbeit	15
(en) arbetarrörelse	Arbeiterbewegung	16
(en) arbetskamrat	Arbeitskamerad	16
(ett) arbetslag	Arbeitskolonne, „Team"	21
arbetslös	arbeitslos	20
(en) arbetslös	Arbeitsloser	20
(en) arbetslöshet	Arbeitslosigkeit	20
(ett) arbetslöshetsunterstöd	Arbeitslosenunterstützung	20
(en) arm	Arm	14
(ett) armbandsur	Armbanduhr	8
arton	achtzehn	3
(ett) askfat	Aschenbecher	2
att	daß; zu (*vor Infinitiv*)	1; 3
augusti	August	6
(en) au-pair-flicka	Au-pair-Mädchen	16
av	von	6
(en) avbetalning	Ratenzahlung	20
(ett) avbrott	Abbruch	19
avbryta	abbrechen	19
(en) avdelningschef	Abteilungsleiter	16
(en) avgas	Abgas	12
(en) axel	Achsel	7

B

(en) backe	Hang	12
bada	baden	8
(ett) bad	Bad	8
badminton	Federball	21
badrum	Badezimmer	7
bakom	hinter	4
bakåt	nach hinten	5
(en) ballong	Ballon	19
(en) bank	Bank	3
(en) banktjänsteman	Bankangestellter	17
bara	nur; wenn nur	1; 12
(ett) barn	Kind	7
(en) barnavårdscentral	ärztliche Betreuungsstelle für Kinder	20

(ett) barnbarn	Enkel	15
(ett) barnbidrag	Kindergeld	20
(en) barnkammare	Kinderzimmer	7
(en) barnläkare	Kinderarzt, -ärztin	9
(en) barnparkering	Kinderbetreuung	10
(en) barnvagn	Kinderwagen	9
(en) barrskog	Nadelwald	8
(en) basfiol	Baßgeige	14
(en) bastu	Sauna	21
be (om)	bitten (um)	14 (20)
befinna sig	sich befinden	19
begagnad	gebraucht	13
begriplig	begreiflich	18
begränsa	begrenzen	12
begära	verlangen	5
behöva	brauchen	3
bekväm	bequem	3
(ett) ben	Bein	7
(ett) benbrott	Beinbruch	12
(en) bensin	Benzin	19
(en) bensinstation	Tankstelle	19
beredd	bereit	19
(ett) berg	Berg	8
(ett) bergsmanshem	Haus eines Bergmannes	18
bero på	abhängen von, beruhen auf	20
beskriva	beschreiben	5
beställa	bestellen	6
(ett) besök	Besuch	20
besöka	besuchen	20
betala	bezahlen	5
betyda	bedeuten	8
bevara	bewahren	15
(en) bibel	Bibel	18
biblisk	biblisch	18
(ett) bidrag	Zuschuß, Beihilfe	20
(en) biff	Beefsteak	13
(en) bil	Auto	2
(ett) bilbälte	Sicherheitsgurt	19
(en) bilbärgare	Abschleppfirma	19
(en) bild	Bild	11
bildad	gebildet	13
(ett) bildspråk	Bildsprache	18
(ett) bilglasbyte	Auswechseln der Autofenster	19
(en) biljett	Fahrkarte	5
(ett) biljettkontor	(*hier*:) Theaterkasse	6
(en) bilkö	Autoschlange	12
billig	billig	3

(en) bilplats	Autoplatz (auf der Fähre)	3
(ett) bilnummer	Autokennzeichen	19
(en) bilverkstad	Autowerkstatt	8
(en) bio(graf)	Kino	5
bjuda (på)	einladen (zu)	14
bland annat, bl. a.	unter anderem	8
(en) blankett	Formular	14
bli (*vgl. auch* det blir)	werden	4
bli bra	gesund werden	9
(en) blindtarmsinflammation	Blinddarmentzündung	12
(en) blomma	Blume	6
blomma	blühen	16
(ett) blomster	Blume	18
bly	Blei	8
blå	blau	7
(en) blåbärssoppa	Blaubeersuppe	8
blåsa	blasen, pusten	19
(en) blöja	Windel	9
bo	wohnen	1
(en) bok	Buch	7
(ett) bolag	Gesellschaft	20
(ett) bombplan	Bombenflugzeug	19
(en) bonde	Bauer	13
(en) bondgård	Bauernhof	12
(en) bondkärra	Bauernkarren	19
(ett) bord	Tisch	13
borsta	putzen	16
bort	weg	11
borta	weg, drüben	7; 11
bortrest	verreist	18
bosatt	wohnhaft, ansässig	19
(en) bostad	Wohnung	17
(en) bostadsförmedling	Wohnungsvermittlung, -amt	17
(ett) bostadsområde	Wohngebiet, Wohnsiedlung	21
(en) bosättning	Haushaltsgründung	20
(ett) bosättningslån	Ehestandsdarlehen	20
bra	gut	1
(en) brandkår	Feuerwehr	5
(en) brasa	offenes Feuer	16
bred	breit	7
bredvid	neben	4
(ett) brev	Brief	6
(en) bror	Bruder	15
(en) brorsdotter	Nichte	15
(en) brorson	Neffe	15
brun	braun	7
(en) brygga	Landungsbrücke	12

bryta	brechen, abbauen	8
bråkig	laut	14
(en) brännskada	Brandverletzung	12
(ett) bröd	Brot	4
(ett) bröllop	Hochzeit	15
(ett) bud	Gebot	6
(en) bukett	Strauß	6
(ett) buller	Lärm	12
(en) bullerstudio	schalldichter Raum	21
(en) burk	Dose, Büchse	4
(en) buss	Bus	5
(en) bussförbindelse	Busverbindung	17
(en) busshållplats	Bushaltestelle	7
bussig	lieb, goldig	6
(en) butik	Laden	8
(en) by	Dorf	11
(en) bygemenskap	Dorfgemeinschaft	21
bygga	bauen	17
byta	umsteigen; wechseln	5; 9
byxor (*Plural*)	Hose	7
båda	beide	8
både ... och ...	sowohl ... als auch ...	12
(en) bår	Bahre	19
(en) båt	Schiff	3
bädda	Betten machen	8
(en) bänk	Reihe; Bank	6; 19
(ett) bär	Beere	12
(en) bärgning	Abschleppen, Bergung	19
(en) bättringspredikan	Bußpredigt, Besserungspredigt	18
böra	müssen	12
börja	beginnen, anfangen	1
böter (*Plural*)	Bußgeld	19

C

camping	Camping	8
(en) campingplats	Campingplatz	8
(en) central	Zentrale	20
Centralen (=Centralstationen)	Hauptbahnhof	3
(ett) centrum	Zentrum, Stadtmitte	10
(en) champinjon	Champignon	14
(en) chans	Chance, Gelegenheit	9
(en) chef	Chef	9
choklad	Schokolade, Kakao	4
(en) chokladkaka	Tafel Schokolade	13
cirka, ca	zirka, ca.	3
(ett) city	City, Stadtmitte	7

c/o	bei	7
(en) cykel	Fahrrad	6
cykla	radfahren	6
(en) cykeluthyrning	Fahrradvermietung	8

D

(en) dag	Tag	3
(ett) daghem	Kindergarten, Kindertagesstätte	9
(en) dagmamma	Tagesmutter	20
dags att lägga sig	Zeit schlafen zu gehen	16
Dalarna	Dalarna („Dalekarlien")	8
(en) dalkarl	Mann aus Dalarna	8
(en) dalmålning	Malerei aus Dalarna	8
(en) dam	Dame	7
Danmark	Dänemark	1
(en) dans	Tanz	6
dansa	tanzen	16
(en) dansk	Däne	1
danska	Dänisch, Dänin	1
de	sie; diese	1; 14
(en) debatt	Debatte	2
december	Dezember	6
(en) deciliter (dl)	Deziliter	18
de här	diese (*Plural*)	14
(en) dekoration	Ornament, Schmuck	18
(en) del	Teil	6
dela	teilen	9
delta	teilnehmen	16
(en) deltagare	Teilnehmer	8
dem	sie, ihnen	6
(en) demonstration	Demonstration	16
den	er, sie; dieser, diese	4; 14
den ena	der eine	7
den här	dieser, diese (*Singular*)	7; 14
denna	dieser, diese (*Singular*)	14
den sjuke	der Kranke	19
den som, det som, de som	wer, (das,) was; derjenige, der; diejenige, die; diejenigen, die	20
deras	ihr, ihre	9
dess	sein, seine	9
dessa	diese (*Plural*)	14
det	das, es; dieses	1; 14
det blir	das macht	4
det blixtrar	es blitzt	15
det blåser	es ist windig	15
det haglar	es hagelt	15

det här	dieses	14
det hörs	man hört es	13
det känns	man spürt (es), es fühlt sich an	15
det mulnar	es bezieht sich	15
det märks	man merkt es	15
det regnar	es regnet	15
det snöar	es schneit	15
detta	dieses	14
det tar	es dauert	3
det är jämnt	es stimmt so	14
(en) diabild	„Dia"	16
dig	dich, dir	2
(ett) dille	Tick, Fimmel	21
din, ditt, dina	dein, deine	1, 9
direkt	direkt	13
(en) direktör	Direktor	11
diska	Geschirr spülen	2
(ett) diskotek	Diskothek	6
(en) diskplats	Geschirrspülplatz	8
diskutera	diskutieren	21
(en) dispensärmottagning	Röntgenstelle	17
dit	dorthin	5
(ett) djur	Tier	6
(en) doktor	Arzt, Doktor	9
dom = de	sie, die	13
(en) dotter	Tochter	10
(en) dotterdotter	Enkelin	15
(en) dotterson	Enkel	15
dra	ziehen; schieben	5; 9
dra in	entziehen	19
Dramaten (Dramatiska Teatern)	Stockholmer Theater	6
dricka	trinken	1
dricksvatten, -vattnet	Trinkwasser	8
(en) drottning	Königin	18
dryg	gut, reichlich	16
(en) dräng	Knecht	16
(ett) drömspel	Traumspiel	6
du	du	1
dubbel	doppelt	7
dubbelarbeta	Doppelarbeit leisten	2
(ett) dubbelrum	Doppelzimmer	6
(en) dusch	Dusche	8
(ett) dugg (*vgl.* inte ett dugg)		
dvs. (= det vill säga)	d. h. (das heißt)	8
(ett) dygn	24 Stunden, Tag und Nacht	19
dygnet runt	rund um die Uhr	19
dyr	teuer	3

då	(*Füllwort*) dann, denn; wenn, weil	6; 19
dålig	schlecht	9
där	da, dort; wo	1; 7
där borta	da hinten	4
där framme	da vorne	4
därför att	weil	9
därtill	dazu	20
död	tot	15
(en) död	Tod	15
(en) dörr	Tür	3
(en) dörrkarm	Türrahmen	12
döv	taub	13

E

efter	nach	5
efter det att	nachdem	19
(en) eftermiddag	Nachmittag	9
(en) efterrätt	Nachspeise	12
eftersom	weil, da	19
efteråt	hinterher	14
egen, eget, egna	eigener, eigene, eigenes; eigene	18
egentligen	eigentlich	2
eldfast	feuerfest	18
eller	oder	5
elva	elf	3
emot	gegen	15
en	ein, eine; einer	1; 3
enda	(der, die, das) einzige	14
en del	einige	9
engelska	Englisch, Engländerin	1
(en) engelsman	Engländer	1
England	England	1
enkel	einfach	8
(ett) enkelrum	Einzelzimmer	14
ensam	allein, einsam	7
er	euch	6
er, ert, era	euer, eure; Ihr, Ihre	9
(en) erfarenhet	Erfahrung	21
ersätta	ersetzen, erstatten	20
(en) ersättning	Erstattung	20
ett	eins, ein	1; 3
(ett) evenemang	Ereignis	13
ett (en) ... till	noch ein (eine) ...	14
(en) expedit	Verkäufer(in)	4
extra	extra, besonders	4

F

(en) fabrik	Fabrik	17
(en) fackförening	Gewerkschaft	16
fakta	Fakten	11
faktiskt	doch, eigentlich	17
(en) familj	Familie	3
fantastisk	phantastisch	15
(en) far	Vater	15
(en) farbror	Onkel	10
(en) farfar	Großvater väterlicherseits	15
farföräldrar	Großeltern väterlicherseits	15
(en) farmor	Großmutter väterlicherseits	15
fascinera	faszinieren	20
(en) fason	Form	7
(en) faster	Tante väterlicherseits	15
fastän	obwohl	19
fatta	begreifen	19
(en) feber	Fieber	9
februari	Februar	6
felparkerad	falsch geparkt	20
fem	fünf	3
(en) femma	Fünfkronenschein	10
femtio	fünfzig	3
(en) femti(o)lapp	Fünfzigkronenschein	10
femton	fünfzehn	3
femtonhundratalet (1500-talet)	16. Jahrhundert	6
(en) fest	Fest	4
fika	Kaffee trinken	17
(en) film	Film	3
(en) filmtitel	Filmtitel	6
(en) filt	Wolldecke	19
(en) filterpåse	Filtertüte	4
fin	fein	14
Finland	Finnland	1
(en) finländare	Finne	1
finnas, (det) finns	sich befinden; (es) gibt	4
finska	Finnisch, Finnin	1
fira	feiern	8
(en) fisk	Fisch	4
fiska	angeln, fischen	11
(ett) fiskekort	Fischereischein	12
fixa	hinkriegen, in Ordnung bringen	13
fjorton	vierzehn	3
(ett) fjäll	Gebirge	8
fjällvandra	bergwandern	8
(en) flaska	Flasche	4
fler (*Plural*)	mehr	8

flera	mehrere	14
(en) flicka	Mädchen	4
(en) flickvän	Freundin	16
(en) fluga	Fliege	15
(ett) flyg	Flug, Flugzeug	3
flyga	fliegen	3
flytande	fließend	20
flytta	umziehen	15
flytta ihop	zusammenziehen	15
(en) fläck	Fleck	14
fläta	flechten	7
(en) fläta	Zopf	7
folk (*Plural*)	Leute	8
folklig	volkstümlich	18
(en) folkpension	Grundrente	20
(en) folksamling	Menschenmenge	20
(ett) folköl	„Volksbier", Normalbier	14
(en) form	Form	18
(en) fors	Stromschnelle	11
forsla	transportieren	19
fort	schnell	5
fortfarande	immer noch	8
fortsätta	weitergehen; weitermachen	5; 15
(en) fot	Fuß	7
(en) fotboll	Fußball	12
(ett) fotolabb	Fotolabor	21
fram	vor, nach vorn	11
framför	vor	4
framkalla	entwickeln	21
framme	vorn, da	4, 5
fram och tillbaka	hin und zurück	5
(en) framställning	Darstellung	18
(en) framtid	Zukunft	21
Frankrike	Frankreich	1
franska	Französisch	1
(en) fransman	Franzose	1
(en) fransyska	Französin	1
(en) fredag	Freitag	2
(en) frestelse	Versuchung	18
fri	frei	8
fridlysa	unter Naturschutz stellen	12
(ett) friluftsmuseum	Freiluftmuseum	6
(ett) frimärke	Briefmarke	3
frisk	gesund	7
(en) frisörsalong	Friseursalon	10
(en) fritidsaktivitet	Freizeitbeschäftigung	13
(en) fru	Frau	1

(en) frukost	Frühstück	14
frukt; (en) frukt	Obst; Frucht	4
frysa	frieren	19
fråga	fragen	4
från	von, aus	1
fräknar (*Plural*)	Sommersprossen	7
fräsa	schmoren	18
fröken	Fräulein	14
full	voll	15
fungera	funktionieren	21
fylla i	ausfüllen	14
fylla år; fylla (16) år	Geburtstag haben; (16) werden	20
fyra	vier	3
fyrtio	vierzig	3
få	wenige	13
få	bekommen; dürfen; müssen	6; 12; 17
få lov	dürfen	21
(en) fåtölj	Sessel	3
(en) färd	Fahrt	18
färdig	fertig	15
(ett) färdsätt	Fortbewegungsmittel	8
(en) färg	Farbe	6
(en) färja	Fähre	3
färre	weniger	13
(en) färs	Hackfleisch	14
(en) fästman	Verlobter	20
född	geboren	14
(en) födelsedag	Geburtstag	16
följa	folgen	13
(ett) fönster	Fenster	11
för	für; wegen	1; 12
förr att	um zu	5
(en) förbindelse	Verbindung	8
före	vor	6
förekomma	vorkommen	18
(en) förening	Verein	8
(en) föreställning	Vorstellung	6
förfallen	verfallen	7
förhärska	vorherrschen	18
förlora	verlieren	20
(en) förlossning	Entbindung	20
förlova sig	sich verloben	15
förlåt	Entschuldigung; wie bitte?	1; 19
(en) förmiddag	Vormittag	9
(en) förmån	Vergünstigung	20
för närvarande (f. n.)	zur Zeit	17
(en) förort	Vorort	6

förr	früher	11
förra	vorigen, vorige, voriges	14
förra året	letztes Jahr	16
förresten	übrigens	21
förr i tiden	früher	11
för ... sedan	vor	16
försiktig	vorsichtig	19
förstora	vergrößern	21
förstå	verstehen	9
förstås	natürlich	19
försvinna	verschwinden	11
försäkra	versichern	20
(en) försäkring	Versicherung	20
(en) försäkringskassa	„Versicherungskasse", Versicherungsanstalt	20
(en) försäljning	Verkauf	19
försöka	versuchen	7
förnt	vorher, früher	15
förvåna	erstaunen, wundern	20
förvärvsarbeta	erwerbstätig sein	20
(en) förälder	Elternteil, Plural: Eltern	7
(en) föräldraledighet	Elternurlaub	9
(en) föräldrapenning	Elterngeld	20

G

Gamla Testamentet	Das Alte Testament	18
gammal	alt	6
ganska	ziemlich	3
(en) gas	Gas	5
(en) gata	Straße	5
ge	geben	5
gemensam	gemeinsam	15
(en) gemenskap	Gemeinschaft	21
genom	durch	13
(en) genrebild	Genrebild	18
gift	verheiratet	15
gifta sig	heiraten	15
gilla	mögen	17
(en) gitarr	Gitarre	11
glad (över)	froh (über)	9 (19)
(ett) glas	Glas	14
(en) glass	Speiseeis	13
glasögon (*Plural*)	Brille	10
glömma	vergessen	12
god, gott	gut	13
godare (= bättre)	besser	13

goddag	guten Tag	14
god morgon	guten Morgen	17
god natt	gute Nacht	14
godis (*koll.*)	Süßigkeiten	4
Gott Nytt År	ein Gutes Neues Jahr	16
(en) grad	Grad	15
(en) gran	Tanne, Fichte	11
(en) granne	Nachbar	13
gratinerad	überbacken	14
gratis	gratis, kostenlos	3; 20
(en) grav	Grab	20
gravid	schwanger	20
(en) graviditet	Schwangerschaft	20
greja	erledigen, machen	17
(en) gren	Zweig	19
(en) grind	Gatter	12
(en) gris	Schwein	11
(en) grundskola	Grundschule	20
(en) grupp	Gruppe, Kurs	17
(en) gruva	Grube, Bergwerk	8
(en) gryta	Topf	10
grå	grau	16
(en) grädde	Sahne	14
(en) gräddsås	Rahmsoße	14
(en) gränd	Gasse	6
(en) gräsmatta	Rasen	2
grön	grün	7
(en) grönsak	Gemüse, -sorte	4
(en) gubbe	alter Mann (*hier*:) älterer Mann	21
gul	gelb	7
guldgul	goldgelb	18
gullig	lieb, goldig	7
(en) gurka	Gurke	18
(en) gurkväxt	Gurkenpflanze	18
(en) gymnasieskola	Gymnasialschule	20
(ett) gymnasium	Gymnasium	20
gå	gehen; laufen	2; 6
gå av	aussteigen	5
gå på	kosten, sich belaufen auf	3
gå ronden	Visite machen	17
gå upp	aufstehen	12
gå åt	draufgehen	19
(en) gång	mal	7
(en) gård	Hof	11
gärna	gern	1
(en) gäst	Gast	16
göra	machen, tun	2

göra succé	Erfolg haben	20
göra upp	zusammenstellen	4

H

ha	haben	1
ha dille på	verrückt sein auf	21
(en) halmhatt	Strohhut	7
halt	hinkend, lahm	10
ha lust	Lust haben	19
halv	halb	3
(en) halvlek	Halbzeit	17
(ett) halvljus	Abblendlicht	19
(en) halvtimme	eine halbe Stunde	5
(en) Hamburgarrestaurang	Restaurant, in dem man „Hamburger" bekommt	14
hamna i	landen, geraten in	19
han	er	1
handla	einkaufen	2
hans	sein, seine	9
(en) hastighet	Geschwindigkeit	19
(en) hastighetsmätare	Tachometer	19
hej	hallo	1
hej då	tschüß	1
(ett) hekto	100 Gramm	4
hel	ganz	3
hela dagen (dagarna)	den ganzen Tag	21
(en) helg	Fest	12
(en) helgdag	Feiertag	16
(en) helgeflundra	Heilbutt	14
(ett) helljus	Fernlicht	19
hellre	lieber	1
hem	nach Hause	5
hemma	zu Hause	2
(en) hemresa	Heimreise	19
(en) hemsamarit	Heimsamariter	5
hemsk	furchtbar	6
(en) hemslöjd	Kunstgewerbe, Volkskunst	8
henne	sie, ihr	6
hennes	ihr (*Possessivpronomen*)	7
herr	Herr	2
heta	heißen	1
hinna	es schaffen, Zeit haben	9
(en) hiss	Aufzug	14
(en) historia	Geschichte	8
historisk	historisch	18

hit	hierhin, dahin; (hier)her	12; 16
hitta	finden	4
(en) hjälp	Hilfe	20
hjälpa (till)	helfen	2
(en) hjärnskakning	Gehirnerschütterung	12
(ett) hjärtfel	Herzfehler	12
hjärtlig	herzlich	5
(ett) hobbyrum	Hobbyzimmer	11
hon	sie	1
honom	ihn, ihm	6
hoppas	hoffen	9
hos	bei	2
(ett) hotell	Hotel	3
(ett) hotellrum	Hotelzimmer	3
hugga ner	abholzen, fällen	11
(en) hund	Hund	9
hundra	hundert	3
(en) hundralapp	Hundertkronenschein	10
hungrig	hungrig	9
hur	wie	3
hur mycket	wieviel	3
hur mycket är klockan	wieviel Uhr ist es	3
hur mår du?	wie geht es dir?	9
(ett) hus	Haus	3
(ett) husgeråd	Hausrat, Küchengerät	10
(ett) hushåll	Haushalt	9
(ett) huvud	Kopf	12
(en) huvudkälla	Hauptquelle	18
(en) huvudsak	Hauptsache	15
(en) huvudstad	Hauptstadt	6
hyra	mieten	8
(en) hyra	Miete	8
(ett) hål	Loch	13
(ett) håll	Richtung	7
hålla	halten	12
hålla på (med)	beschäftigt sein (mit)	21
hålla ihop	zusammenhalten	15
hålla masken	das Gesicht wahren	15
(en) hållplats	Haltestelle	8
(ett) hår	Haar	7
hård	hart, steif	7
(en) hårfrisörska	Friseuse	6
(en) hälft	Hälfte	18
hälla på	darauf gießen	18
hälsa	grüßen	9
(en) hälsa	Gesundheit	20
hälsa på	besuchen, einen Besuch machen; (*unbetont*:) (be)grüßen	5; 6

(en) hälsning	Gruß	7
(en) hälsokontroll	Gesundheitskontrolle	20
hämta	holen; abholen	4; 9
hända	passieren	19
här	hier	1
härifrån	von hier	5
härlig	herrlich	16
(en) häst	Pferd	8
hö	Heu	11
hög	hoch; laut	8; 13
högra	(der, die, das) rechte	14
(en) högskola	Hochschule	20
(ett) höns	Huhn	11
höra av sig	von sich hören lassen	7
hördu du	hör mal	6
(en) höst	Herbst	8
(en) höstsonat	Herbstsonate	6

I

i	in; vor	1; 3
i alla fall (*Plural*)	auf jeden Fall	17
ibland	manchmal	9
i början av	anfangs	19
idag	heute	6
(en) idé	Idee	12
idrotta	Sport ausüben	11
ifall	falls	19
i förrgår	vorgestern	10
i förrgår kväll	vorgestern abend	10
i förrgår morse	vorgestern früh	10
igen	wieder	12
i går	gestern	10
i går kväll	gestern abend	10
i går morse	gestern morgen	10
i kväll	heute abend	2
iland	an Land	12
i lugn och ro	in aller Ruhe, ungestört	21
i längden	auf die Dauer	15
i morgon	morgen	6
i morgon bitti	morgen früh	10
i morgon kväll	morgen abend	6
i morse	heute morgen	10
in	hinein	11
(ett) inbrott	Einbruch	20

(ett) industrisamhälle	Industriegesellschaft	20
(en) industristad	Industriestadt	8
infalla (på)	fallen auf	16
(en) influensa	Grippe	12
(ett) informationsblad	Informationsblatt	21
ingen, inget, inga	kein, keine, keines; keine	8
(en) ingenjör	Ingenieur	11
ingenting	nichts	6
inget	nichts	13
inget vidare	nichts besonderes	17
(en) ingrediens	Zutat	14
ingående	eingehend	13
(en) ingång	Eingang	4
(ett) inköp	Einkauf	4
(en) inköpslista	Einkaufsliste	4
innan	vorher; bevor	14; 19
inne	drinnen	11
inneboende	in Untermiete	18
(en) innerstad	Innenstadt	6
inom	innerhalb von	5
inreda	einrichten	21
(ett) inslag	Zug, Komponente	18
inte	nicht	1
inte alls	gar nicht	10
inte ett dugg	kein bißchen, rein gar nichts	13
inte längre	nicht mehr	11
inte någon = ingen	kein, keine (*Singular*)	13
(en) intervju	Interview	21
inte så värst	nicht gar so	14
intressant	interessant	9
intresserad	interessiert	6
(en) invånare	Einwohner	6
i närheten	in der Nähe	4
i sommar	diesen Sommer, dieses Jahr im Sommer	15
i somras	vorigen Sommer	15
i stället	stattdessen	4
Italien	Italien	1
(en) italienare	Italiener	1
italienska	Italienisch, Italienerin	1
i vintras	vorigen Winter	15
i år	dieses Jahr, heuer	14
i övermorgon	übermorgen	10
i övermorgon kväll	übermorgen abend	10

J

ja	ja	1
(en) jacka	Jacke	7
jadå	ja, ja doch	10
jag	ich	1
jaga	jagen	12
jaha	ach so	14
(en) jakt	Jagd	12
(en) jaktlicens	Jagdschein	12
januari	Januar	6
jaså	ach so	1
javisst	ja, sicher, klar	4
(ett) jazzband	Jazzband	21
jo	doch	13; 17
(ett) jobb	Arbeit	9
jobba	arbeiten	2
jobbig	anstrengend	9
jodå	ja doch	1
(ett) jordbruk	Landwirtschaft	8
jorden	die Erde	13
jourhavande	diensthabend	12
(en) journalist	Journalist	11
ju	ja, doch	1
ju ... ju; ju ... desto	je ... desto	21
Jugoslavien	Jugoslawien	17
(en) juice	Saft	1
(en) jul	Weihnachten	16
(en) julafton	Heiligabend	16
(en) juldag	Erster Weihnachtsfeiertag	16
juli	Juli	6
(en) jultomte	Weihnachtsmann	16
juni	Juni	5
just (schysst)	in Ordnung, zuverlässig	17
just nu	gerade jetzt	4
jämföra	vergleichen	8
jämförelsevis	vergleichsweise	18
(en) jämlikhet	Gleichberechtigung	2
jämnt (*vgl.* det är jämnt)		
jätte-	riesig, sehr	17

K

(ett) kaffe	Kaffee	1
(ett) kafé	Café	8
(ett) kalas	Fest(essen), Feier	16
kall	kalt	18
kalla	nennen, rufen	12

kallas	genannt werden	12
Kalle Anka	Donald Duck	2
(en) kalender	Kalender	14
(en) kalvstek	Kalbsbraten	14
kamma	kämmen	12
(en) kamrat	Kamerad	21
kan ja få (+ *infinitiv*)	kann ich (+ *Infinitiv*)	5
kanske	vielleicht	11
(en) karaff	Karaffe	14
(en) karl	Mann	8
(en) karm	Rahmen	12
(en) kassa	Kasse	4
(en) kassörska	Fräulein an der Kasse	4
(en) katalog	Katalog	18
(en) katt	Katze	9
(en) kavaj	Jacke, Sacco	17
kemtvätt	chemische Reinigung; Kleider zum Reinigen	10
(en) kille	junger Mann	14
(ett) kilo	Kilo	4
(en) kilometer	Kilometer	17
kinesisk	chinesisch	10
(en) kiosk	Kiosk	8
klar	fertig	20
klara sig	zurechtkommen	12
klippa	mähen, schneiden	2
klippa håret (klippa sig)	sich die Haare schneiden (lassen)	10 (12)
(en) klocka	Uhr	3
klockan ...	um ... Uhr	3
klä på sig	sich anziehen	12
klädd	gekleidet	7
kläder (*Plural*)	Kleider	8
(en) klädtvätt	Kleiderwäsche	8
(en) klänning	Kleid	10
(en) knapp	Knopf	5
knappast	kaum	19
(en) knopp	Knospe	16
(ett) knäckebröd	Knäckebrot	4
(en) ko	Kuh	11
(ett) kokkärl	Kochgeschirr	8
(en) kokplats	Kochplatz	8
kokt	gekocht	14
kolla	kontrollieren	19
kollektiv	kollektiv	21
kollidera	zusammenstoßen	19
komma	kommen	1
komma att (+ *infinitiv*)	werden (+ *Infinitiv*)	6

komma ihåg	sich erinnern	4
(en) kommun	Gemeinde, Stadt	6
(en) kompis	guter Freund, „Kumpel"	17
(ett) konditori	Konditorei	17
(en) konduktör	Schaffner	5
(en) konsert	Konzert	5
(en) konst	Kunst	18
(en) konstart	Kunstart	18
konstig	komisch	10
(en) kontakt	Kontakt	9
kontaktlös	kontaktlos	21
(ett) kontor	Büro	17
kontrollera	kontrollieren	20
(en) kopp	Tasse	10
koppar	Kupfer	8
koppla (till)	verbinden (mit)	17
koppla av	entspannen	3
korsa	überqueren	5
(ett) kort	(Post)karte; Photo	6; 7
(en) korv	Wurst	4
kosta	kosten	3
kostnadsfri	kostenlos	20
(en) krabba	Krabbe	4
(en) kram	Umarmung	6
(ett) krig	Krieg	19
kring	um ... herum	16
krocka	zusammenstoßen	12
(en) krona	Krone	3
(en) krukväxt	Topfpflanze	18
(en) krönika	Chronik	18
(en) kudde	Kissen	10
kul	prima, dufte, toll	21
(ett) kulturevenemang	kulturelles Ereignis	13
(en) kung	König	1
kunna	können	1
(en) kurbits	Kürbis	18
(en) kurs	Kurs	15
(en) kusin	Kusine, Vetter	15
(en) kvalitet	Qualität	13
kvar	übrig	6
(en) kvarn	Mühle	11
(en) kvart	Viertelstunde	3
(en) kvinna	Frau	9
(en) kväll	Abend	4
(en) kyrka	Kirche	11
känd	bekannt	8
känna	kennen	8

känna igen	(wieder)erkennen	8
kännas (*vgl.* det känns)		
kär	lieb	7
kär i	verliebt in	15
(en) kärlek	Liebe	15
(en) kö	Schlange	12
(ett) kök	Küche	7
(en) köksklocka	Küchenuhr	10
köpa	kaufen	4
köra	fahren	7
köra om	überholen	12
(ett) körkort	Führerschein	19
(ett) kött	Fleisch	4

L

(en) lag	Gesetz	9
laga	zubereiten, kochen, reparieren	2
(ett) lager	Schicht	18
(ett) lakan	Laken	8
(en) lampkupa	Lampenschirm	10
(ett) land	Land	6
(ett) landskap	,,Landschaft'', Provinz	8
(en) landbrukare	Landwirt	15
(en) larmcentral	Zentrale des Straßendienstes	19
(en) larmtjänst	Straßendienst, Bereitschaftsdienst	19
(en) lastbil	Lastauto	11
(en) lax	Lachs	14
ledig	frei, beurlaubt	9
(en) ledighet	Freizeit	20
ledsen (jag är ledsen)	traurig (es tut mir leid)	9
(en) legitimation	Ausweis	8
leka	spielen	16
(en) lekplats	Spielplatz	8
(en) leksak	Spielzeug	13
(en) leksaksballong	Kinderballon	13
leverera	liefern	10
ligga	liegen	1
lika	ebenso; gleich	8; 20
liksom	so was wie	21
lilla (*vgl.* liten)		
(en) limpa	Brotlaib	4
(en) linje	(U-Bahn-)Linie	5
(ett) linne	(Leib)wäsche, Bettwäsche	10
(en) lista	Liste	4
lite	ein wenig	13

lite grann (litet grand)	ein bißchen	13
liten	klein	3
(en) liter	Liter	4
(ett) liv	Leben	21
livs = livsmedelsaffär	Lebensmittelgeschäft	11
(ett) ljud	Laut, Ton	13
ljus	hell	13
(ett) lopp	Lauf	8
lova	versprechen	12
Lucia	Lucia, Name der schwed. Lichterkönigin	16
Luciafirandet	Feier des Luciafestes	16
(en) luft	Luft	13
lugn	ruhig	12
(en) lunch	Lunch (erste größere Mahlzeit)	5
(en) lunchrast	Mittagspause	16
(en) lunginflammation	Lungenentzündung	12
(en) lur	Hörer	5
lyfta av	abheben	5
lyssna på nyheterna	Nachrichten hören	16
lyssna till	zuhören	16
låg	niedrig; leise	4; 13
(ett) lån	Darlehen	20
låna	leihen	17
lång	weit; lang	3; 7
(en) långfredag	Karfreitag	16
(en) låsöppning	Schlüsseldienst, „Schloßöffnung"	19
låta	klingen	14
låta (bli)	(bleiben) lassen	19
låtsas	so tun als ob	15
inte låtsas om	sich nichts anmerken lassen	15
(en) lägenhet	Wohnung	15
lägga i	hineinlegen, einwerfen	5
lägga sig	sich (schlafen) legen	13
(en) läkare	Arzt	5
lämna	abliefern, -geben	10
lämna in	abgeben, wegbringen	10
(ett) län	Verwaltungsbezirk	8
länge	lange	15
längta	sich sehnen	12
(en) lära	Lehre	20
lära (av)	lernen (von)	21
lära känna	kennenlernen	9
lära sig	lernen	12
(en) lärare	Lehrer	17
(en) lärobok	Lehrbuch	5
läsa	lesen; studieren	2; 16

läsa läxorna	Hausaufgaben machen	16
lätt	leicht, einfach	13
(en) lök	Zwiebel	18
(en) lön	Gehalt, Lohn	20
(en) lördag	Samstag, Sonnabend	2

M

(en) mage	Bauch, Magen	13
maj	Mai	6
(en) majstång	„Maibaum"	16
mala	mahlen	11
(en) malm	Eisenerz	8
(en) mamma	Mama, Mutter	2
man	man	5
(en) man	Mann	1
(en) manick	Ding, Sache	3
(ett) margarin	Margarine	4
(en) mark	Boden, Grund	12
(en) markatta	Meerkatze	7
(en) markägare	Grundbesitzer	12
(en) marmelad	Marmelade	4
mars	März	6
(en) mask	Maske	15
(en) maskin	Maschine	11
(en) massa	Menge	2
(ett) massmöte	Massenversammlung	16
(en) mat	Essen	2
mata	füttern	16
(ett) material	Material	18
(en) matlagning	Essenszubereitung	9
(ett) matrecept	Kochrezept	18
(en) matsedel	Speisekarte	14
(en) matservering	Restaurantbetrieb, warme Küche	8
(en) matsked	Eßlöffel	18
med	mit	3
med flyg	mit dem Flugzeug	3
medan	während	10
(en) medborgare	(Mit)bürger	14
meddela	mitteilen, sagen	5
medelgod	mittlere(r)	18
medeltiden	Mittelalter	6
(en) medicin	Medizin	20
(en) medlem	Mitglied	19
(en) mekanikerverkstad	mechanische Werkstatt	21
mellan	zwischen	3
men	aber	1

mena	meinen; behaupten wollen	15; 21
mer (a) (*vgl.* mycket)		
(en) metall	Metall	8
(en) middag	Mittagessen	6
(en) midsommar	Mittsommer	8
mig	mich, mir	2
mild	mild	13
(en) miljon	Million	11
(en) miljö	Umwelt	18
min, mitt, mina	mein, meine	1; 9
mindre (*vgl.* liten)		
minnas	sich erinnern	15
(en) minut	Minute	5
(ett) missöde	Panne	19
mitt i	mittendrin, in der Mitte	8
mjölk (-en)	Milch	1
modern	modern	6
(en) mor	Mutter	1
(en) morbror	Onkel mütterlicherseits	15
(en) morfar	Großvater mütterlicherseits	15
morföräldrar (*Plural*)	Großeltern mütterlicherseits	15
(en) morgon	Morgen	5
morgondagens konsert	das Konzert morgen	6
(en) mormor	Großmutter mütterlicherseits	15
(en) morot	Karotte	7
(en) moster	Tante mütterlicherseits	15
(ett) motiv	Motiv	18
(en) motorväg	Autobahn	19
(en) mottagning	Aufnahme	17
(en) mun	Mund	7
(ett) museum	Museum	6
mycket	viel	2
må	sich fühlen	9
måla	malen	18
(en) målare	Maler	18
(ett) måleri	Malerei	18
(en) målning	Gemälde	18
(en) måltid	Mahlzeit	20
(en) månad	Monat	9
(en) måndag	Montag	2
många	viele	6
måste	muß	12
(en) människa	Mensch	6
märkas (*vgl.* det märks)		
(en) möbel	Möbel	10
(en) mödravårdscentral	Mütterbetreuungsstelle	20
möjlig	möglich	12

möjligen	möglicherweise	12
mörk	dunkel	13

N

(ett) namn, -et	Name	6
(en) nation	„Nation", Studentenschaft einer „landskap" (*vgl. das*)	16
nationalekonomi	Volkswirtschaft	16
(en) natt	Nacht	3
(en) nattklubb	Nachtlokal	21
(en) natur	Natur	12
naturligtvis	natürlich	12
(en) naturskyddsförening	Naturschutzverein	12
(ett) naturvårdsverk	Naturschutzbehörde	12
ned	hinunter, hin	10
(på) nedre botten	(im) Erdgeschoß	5
nej	nein	1
nejdå	aber nein	12
ner	hinunter, herunter	11
nerför trappan	die Treppe hinunter	12
nere	unten, drunten	11
ni	ihr, Sie	1
nio	neun	3
nittio	neunzig	3
nitton	neunzehn	3
nog	wohl	6
Nordsverige	Nordschweden	19
Norge	Norwegen	1
(en) norrlänning	Mann aus Norrland	17
(en) norrman	Norweger	1
norr om	nördlich von	15
norrut	nordwärts	5
norska	Norwegisch, Norwegerin	1
november	November	6
nr = nummer	Nummer	5
nu	jetzt, nun	3
nuförtiden	heutzutage	11
ny	neu	7
nygift	neuvermählt	20
(en) nyckel	Schlüssel	14
(en) nyhet, nyheter	Neuigkeit, Nachrichten	16
nyinredd (*vgl.* inreda)	neu eingerichtet	21
nymålad	frisch gestrichen	18
(ett) nyår	Neujahr	16
(en) nyårsafton	Silvester	16
någon, något	(irgend)ein, -eine, -eins	6; 8

någon annans	eines anderen	12
någonting, nånting	etwas	5; 21
något som	(etwas) was	20
några	einige; irgendwelche	5; 8
nähä = nej		21
nämligen	nämlich	7
nämna	erwähnen	20
när	wann; wenn	2; 7
nära	annähernd; nahe	8; 13
(en) närbutik	Geschäft in der Nähe	4
(en) näsa	Nase	7
nästa	nächste	14
nästan	beinahe	19
(ett) nödfall	Notfall	19
nöjd	zufrieden	15

O

oavsett	ungeachtet, ohne Rücksicht auf	8
obebodd	unbewohnt	18
observera, obs!	beachte!	8
och	und	1
också	auch	1
ofta	oft	1
oktober	Oktober	6
olika	verschiedene	4
(en) olja	Öl	16
om	über; in; von	2; 5; 8
om	wenn	5
(ett) omklädningsrum	Umkleidekabine	10
(ett) område	Gebiet	12
omskola	umschulen	20
(en) omskolning	Umschulung	20
(ett) omskolningsbidrag	Umschulungszuschuß	20
(en) onsdag	Mittwoch	2
ont	weh	12
(ha) ont om pengar	knapp bei Kasse (sein)	20
ont om jobb	wenig Arbeit(splätze)	17
operera	operieren	12
ordna	veranstalten	16
(en) orkester	Orchester	6
orolig	unruhig	12
(en) ort	Ort	8
oss	uns	6
(en) ost	Käse	4
(en) ostsort	Käsesorte	4
otrevlig	unangenehm, unsympathisch	12
(en) oändlighet	Unendlichkeit	13

P

(ett) paket	Paket	4
(en) pappa	Papa, Vater	1
(ett) papper	Papier; Schein, Bescheinigung	18
(ett) par	Paar	7
(en) park	Park	7
parkera fel	falsch parken	19
(ett) party	Party	19
passa	aufpassen; passen	7; 17
passera	passieren, durchgehen	5
(en) patient	Patient	9
pengar (*Plural*)	Geld	3
(en) penning	Geld(stück)	20
(en) pension	Rente, Pension	20
(en) pepparrotsås	Meerrettichsoße	14
per	pro	3
(ett) pensionat	Pension	6
pensioneras	in Pension gehen	20
(en) pensionär	Rentner	20
(en) pianolektion	Klavierstunde	5
(en) pingst	Pfingsten	16
(en) pingstdag	Pfingstsonntag	16
(en) pjäs	Theaterstück	12
planera	planen	3
(en) plats	Platz	3
(en) platsbiljett	Platzkarte	5
plocka	pflücken, sammeln	8
(ett) plommon	Pflaume	4
plötsligt	plötzlich	19
(en) pojke	Junge	4
(en) pojkvän	Freund	1
(en) polis	Polizei; Polizist	5; 19
(en) poliskontroll	Polizeikontrolle	19
populär	beliebt	13
porslin	Porzellan (Geschirr)	8
(en) portier	Portier	17
(en) portion	Portion	13
(ett) porto	Porto	15
(en) post	Post	5
(ett) postkontor	Postamt	5
(en) potatis	Kartoffel (auch kollektiv)	4
prata	sprechen	7
precis	genau	5
presentera (för någon)	(jemandem) vorstellen	16
(en) prick	Punkt, Pünktchen	13
prickig	gepunktet, gesprenkelt	7

(ett) pris	Preis	4
privat	privat	12
(ett) problem	Problem	6
(ett) program	Programm	13
prova	anprobieren	10
(en) präst	Pfarrer, Priester	5
(en) psalm	Psalm	18
(en) psalmbok	Psalmbuch	18
på	auf; in, an; von	1; 2; 7
(en) påse	Tüte	4
(en) påsk	Ostern	16
påskdagen	Ostersonntag	16
på väg	unterwegs	15
på väg hem	auf dem Nachhauseweg	19
(ett) päron	Birne	11

R

(en) rabatt	Rabatt	19
(en) rad	Reihe	11
(ett) radhus	Reihenhaus	9
raka sig	sich rasieren	12
rakt fram	geradeaus	5
ramla	fallen, hinfallen	12
randig	gestreift	10
(en) rea = realisation	Ausverkauf, Schlußverkauf	10
(en) reception	Rezeption	14
redan	schon	21
regional	regional	19
rekommendera	empfehlen	6
rekvirera	requirieren, beschlagnahmen	19
(en) remiss	Überweisung	17
ren	sauber	12
(en) reparation	Reparatur	19
(en) resa	Reise	3
resa	reisen	3
resa	aufrichten, -stellen	16
(en) resebyrå	Reisebüro	10
(en) residensstad	Residenzstadt	8
respektera	respektieren	21
resp. (respektive)	bzw.	8
(en) rest	Rest	20
(en) restaurang	Restaurant	8
(en) restaurangvagn	Speisewagen	3
rik	reich	4
riktig	richtig	17
ringa	klingeln	12

ringa (till)	anrufen	5
(en) ripa	Schneehuhn	14
roa sig	sich amüsieren	10
(en) rock	Mantel	19
rolig	lustig	7
(en) rond	Visite	12
(ett) rum	Zimmer	3
rund	rund	3
(en) rundtur	Rundfahrt	6
runt	um ... herum	8
runtom	ringsum, überall	16
rycka ut	ausrücken, zu Hilfe kommen	19
(ett) råd	Rat	19
(en) rådgivning	Beratung	20
råka ut för	geraten in, erleiden	19
råka (vara)	zufällig (sein)	19
räcka	reichen	4
(en) räka	Garnele	4
rätt	recht; gerade	3; 7
(en) rätt	Gericht	18
(en) rätt	Recht	9
röd	rot	7
(ett) rödvin	Rotwein	14
röka	rauchen	2
rökt	geräuchert	14
röra sig	sich bewegen	12
rörlig	beweglich	16
(en) röst	Stimme	6

S

sa = sade	sagte	13
(en) saft	Saft (zum Verdünnen)	4
(en) sak	Sache, Ding	2
sakna	vermissen	15
sakta	langsam	18
(ett) salt	Salz	4
(ett) samhem	„Heim für alle"	21
(ett) samhälle	Ortschaft; Gesellschaft	19; 20
(en) samling	Versammlung	20
samma	(der, die, das) gleiche	7
samt	sowie	20
(ett) samtal	Gespräch	9
(ett) samvete	Gewissen	15
(ett) samvetsäktenskap	„Gewissensehe"	15
sann	wahr	20
(en) scen	Szene	18

(en) schweizare	Schweizer	14
se	sehen	2
se efter	nachschauen	6
se på	zuschauen	21
se ut	aussehen	7
sedan	dann, danach; seit; nachdem	4; 7; 19
(en) sekreterare	Sekretär(in)	17
(en) semester	Urlaub	3
sen = sedan	später; dann	4; 12
sen	spät	12
september	September	6
(en) service	Service	3
(en) serviceinrättning	Servicebetrieb	19
(en) servett	Serviette	19
(en) servitris	Bedienung (weiblich)	14
ses	sich sehen	1
sex	sechs	3
sextio	sechzig	3
sexton	sechzehn	3
(en) sida	Seite	8
sig	sich	12
(ett) silverbröllop	Silberne Hochzeit	16
sin, sitt, sina	sein, seine; ihr, ihre	5; 9
sista	(der, die, das) letzte	14
sitta	sitzen	3
sitta barnvakt	„babysitten"	10
SJ = Statens Järnvägar (*Plural*)	Staatl. schwedische Eisenbahn	5
sju	sieben	3
sjuk	krank	9
(en) sjukdom	Krankheit	13
(ett) sjukhus	Krankenhaus	12
(en) sjukpenning	Krankengeld	20
(ett) sjukrum	Krankenzimmer	8
sjunga	singen	11
sjuttio	siebzig	3
sjutton	siebzehn	3
själv	selbst	7
självklar	selbstverständlich	6
(en) sjö	See	8
skadlig	schädlich	13
skaffa	beschaffen, sich zulegen	19
skala	schälen	18
skicka	schicken	10
(en) skida	Ski	8
(en) skidbacke	Skipiste, Skihang	12
(en) skidtävling	Skiwettbewerb	8
skiljas	sich scheiden lassen	15

(en) skilsmässa	Scheidung	15
(en) skiva	Scheibe	18
skivad	in Scheiben geschnitten	18
(en) skjorta	Hemd	10
skjuta	drücken, schieben	5
(en) skjuts	Mitfahrgelegenheit	19
(en) sko	Schuh	4
(en) skog	Wald	11
skola	sollen, wollen; werden	2; 6
(en) skola	Schule	13
(ett) skolbarn	Schulkind	20
(ett) skolmaterial	Lernmittel	20
(en) skolmåltid	Schulspeisung	20
skriva	schreiben	7
skriva på	unterschreiben	17
skriva ut	entlassen; verschreiben	12; 20
(en) skrubb	Rumpelkammer	21
skräpa ner	verschmutzen, verschandeln	12
(en) skylt	Schild	8
skälla	schimpfen	8
(en) skärmbildning	Röntgenaufnahme	17
(en) skärmbildsundersökning	Röntgenuntersuchung	17
skölja	spülen	18
skön	behaglich, gemütlich; schön, angenehm	3; 12
(ett) skötrum	Wickelzimmer	10
(ett) slott	Schloß	6
slut	aus, zu Ende	4
(ett) slut	Schluß, Ende	16
slå	wählen; schlagen	5; 12
slåss	sich prügeln	15
(en) släkt	Verwandtschaft	11
(en) släkting	Verwandter	15
släppa av	absetzen	19
(ett) slättland	Flachland	8
(en) smak	Geschmack	13
smaka	schmecken	17
smal	schmal, dünn	7
smord	eingefettet	18
små (*Plural*)	klein	7
småningom, så småningom	allmählich, mit der Zeit	15
småungar	Kleinkinder	21
(ett) smör	Butter	4
(en) smörgås	belegtes Brot, Butterbrot	9
smörja	einfetten	18
snabb	schnell	19
(ett) snabbköp	Supermarkt	4

snacka	(*umgangsspr. für:*) reden, sprechen	20
snart	bald	9
(ett) snickeri	Tischlerei, Schreinerei	21
snickra	tischlern, schreinern	21
snäll	nett, lieb, freundlich	4
snö	Schnee	15
social	sozial	20
(ett) socker	Zucker	4
som	wie; als	6; 18
som	der, die, das (*Relativpronomen*)	3
(en) sommar	Sommer	8
(en) sommarstuga	Ferienhäuschen	8
(ett) sommarställe	Ferienhaus	11
som mest	am meisten	20
(en) son	Sohn	15
(en) sondotter	Enkelin	15
(en) sonson	Enkel	15
(en) sort	Sorte	4
sova	schlafen	12
sova middag	Mittagsschlaf halten	21
(ett) sovrum	Schlafzimmer	7
(en) sovsäck	Schlafsack	8
(en) sovvagn	Schlafwagen	3
(ett) spad	Brühe	18
Spanien	Spanien	1
(en) spanjor	Spanier	1
(en) spanjorska	Spanierin	1
spanska	Spanisch	1
spela	spielen	6
(en) sport	Sport	3
springa	laufen	16
sprit	Alkohol	19
spritsa	spritzen	13
(ett) språk	Sprache	18
späda	verdünnen	18
spänn	schwedische Krone (*Umgangsspr.*)	17
(en) spärr	Sperre	5
(en) spärrvakt	Sperrenbeamter	5
(en) stad	Stadt	6
stan = staden		
stanna	stehen bleiben, halten	5
stanna hemma	zu Hause bleiben	9
stark	stark	13
(en) starköl	Starkbier	14
statlig	staatlich	20
stekhett	sehr heiß	21
(ett) stenkast	Katzensprung	5

sticka	stricken	11
sticka	abhauen	17
stiga av (på)	aussteigen (einsteigen)	5
stiga upp	aufstehen	14
stjäla	stehlen	18
(en) stol	Stuhl, Sessel	10
stopp	halt	2
stoppa	stoppen, anhalten	19
stor	groß	4
(en) storbondegård	Hof eines Großbauern	18
(en) storfamilj	Großfamilie	21
(en) storlek	Größe	18
(en) strand	Strand	12
strax	gleich	6
strimla	in Streifen schneiden	18
(en) strumpa	Strumpf	7
stryka	bügeln; streichen	8; 17
(en) sträcka	Strecke	16
(en) student	Student	16
(en) studentkamrat	Kommilitone	16
studera	studieren	20
(en) studiecirkel	Kurs	16
(ett) studielån	Studiendarlehen	20
(ett) studiestöd	Unterstützung während des Studiums	20
(ett) studium	Studium	20
(en) stuga	Hütte, Häuschen	8
(en) stund	Weile	10
styck (per styck)	pro Stück	6
stå	stehen	4
stå ut	abstehen	7
(en) stång	Stange	19
städa	saubermachen, putzen	2
städhjälp	Zugehfrau, Putzhilfe	5
(en) städning	Saubermachen, Hausputz	9
ställa in	einstellen	13
(ett) ställe	Lokal	17
ständig	dauernd	19
stänga	zumachen, schließen	3
(en) stärkelse	Stärke	18
(ett) stöd	Unterstützung	20
stödja	(unter)stützen	20
störa	stören	13
(en) succé	Erfolg	20
sur	sauer	7
(en) svamp	Pilz	8
svara	antworten	5

svart	schwarz	7
svarva	drechseln	21
(en) svensk	Schwede	1
svenska	Schwedisch, Schwedin	1
svenskskyltad	mit schwedischem Nummernschild	19
Sverige	Schweden	1
(en) svåger	Schwager	15
svår	schwer, schwierig	5
(en) svägerska	Schwägerin	15
(en) svärdotter	Schwiegertochter	15
svärföräldrar (*Plural*)	Schwiegereltern	15
(en) svärson	Schwiegersohn	15
sy	nähen	2
Sydsverige	Südschweden	19
(en) symfoni	Symphonie	6
(ett) syskon	Geschwister	15
Systemet (Systembolaget)	Staatl. Monopolgeschäft für Alkohol	4
(en) syster	Krankenschwester, Schwester	12; 15
(en) systerdotter	Nichte	15
(en) systerson	Neffe	15
så	so; dann	3; 4
så gott som	so gut wie	12
så här	so; dann	7
så kallad	sogenannt	21
(en) sång	Lied, Gesang	16
(en) sångkör	Sängerchor	16
sånt = sådant	derartiges, so was	8
(en) sås	Soße	10
såväl ... som	sowohl ... als auch	18
säd	Getreide	11
säga	sagen	1
säker	sicher	13
sälja	verkaufen	9
sällan	selten	15
sämre (*vgl.* dålig)		
(en) säng	Bett	10
sänka ljudet	leiser stellen	13
sätta (sig)	(sich) setzen	13
sätta upp ljudet	lauter stellen	13
söderut	südwärts	5
södra	(der, die, das) südliche	15
söka	suchen	17
(en) söndag	Sonntag	2
(en) söndagsvana	Sonntagsgewohnheit	11
söt	süß	11

T

ta	nehmen, in Anspruch nehmen, dauern	3
ta det lugnt	sich nicht aufregen („immer mit der Ruhe")	12
ta hand om	sich kümmern	9
ta ledigt	freinehmen	9
ta med	mitnehmen	8
ta till höger	rechts abbiegen	5
ta till vänster	links abbiegen	5
ta ut	abheben	3
ta vara på	bewahren	21
(en) tablett	Tablette	13
tack	danke	1
tacka	danken, sich bedanken	1
tack så mycket	vielen Dank	4
(vara) tal om	die Rede (sein) von	20
tala	reden, sprechen	1
tala om	erzählen, sagen	17
(en) tallrik	Teller	18
(en) tambur	Flur	7
(en) tand	Zahn	7
(en) tandläkare	Zahnarzt	20
(en) tant	Tante, ältere Frau	11
(en) taxi	Taxi	3
T-Centralen	Zentrale U-Bahn-Station	5
(ett) te	Tee	1
(en) teater	Theater	5
(en) telefon	Telefon	5
(en) telefonhytt	Telefonzelle	5
(ett) telefonsamtal	Telefongespräch	17
(en) telegraf	Telegraf, Gelegenheit zu telefonieren und telegrafieren	10
(ett) telegram	Telegramm	6
(ett) televerk	Telegrafenamt	5
(en) tentamen	Prüfung	16
(ett) test	Test	13
(en) text	Text	13
texta	in Druckbuchstaben schreiben	5
(en) tia	Zehnkronenschein	10
(en) tid	Zeit, Termin	6
tidig	früh	12
(en) tidning	Zeitung	2
(en) tidsperiod	Zeitabschnitt	18
till	bis; zu, in; nach; an; noch	2; 3; 5; 7; 12
tillbaka	zurück	4

till en början	anfangs	18
till exempel, t. ex.	zum Beispiel	6
tillfällig	vorübergehend	19
(en) tillgång	Zugang	7
tillgång till kök	Küchenbenutzung	7
till höger	rechts	4
till höger om	rechts von	4
tillhöra	angehören	16
tillkalla	holen, rufen	19
tillkomma	entstehen	18
till och med. t. o. m.	sogar	15
tills	bis	13
tillsammans	zusammen	6
till vänster	links	4
till vänster om	links von	4
tillåten	erlaubt, zulässig	19
(ett) tillägg	Zuschlag, Zusatz	20
(en) timme	Stunde	3
tio	zehn	3
(en) tioöring	Zehn-Öre-Stück	10
(en) tisdag	Dienstag	2
titta	schauen, sehen	2
titta på TV	fernsehen	2
tjej	Mädchen	17
tjock	dick	18
tjugo	zwanzig	3
(en) tjugofemöring	25-Öre-Stück	10
(en) tjuv	Dieb	3
(för)tjäna	verdienen	20
(en) tjänsteman	Beamter, Beamtin	9
(en) toalett	Toilette	8
tolv	zwölf	3
tom	leer	11
(en) tomat	Tomate	4
(en) tomt	Grundstück	12
(ett) torg	Marktplatz	9
torka	trocknen	18
(en) torsdag	Donnerstag	2
(en) tradition	Tradition	15
(en) trafik	Verkehr	6
(en) trakt	Gegend	18
(en) traktor	Traktor	11
(en) trappa	Treppe	5
tre	drei	3
tredje	dritte	6
(en) trerumslägenhet	Dreizimmerwohnung	17
trettio	dreißig	3

tretton	dreizehn	3
trevlig	angenehm, nett	3
(en) trikå	Trikot, Trikotwaren (*Plural*)	10
trivas	sich wohl fühlen	15
tro	glauben	12
trots att	obwohl	19
(en) trottoar	Bürgersteig	10
trycka	drücken, drucken	5; 18
(ett) tryckeri	Druckerei	21
trygg	geborgen, sicher	15
(en) trygghet	Geborgenheit	20
tråkig	bedauerlich	9
(ett) trä	Holz	21
(en) trädgård	Garten	7
träffa	treffen	1
träffas	sich treffen	8
(en) trängsel	Gedränge	13
(ett) träsnitt	Holzschnitt	18
(en) tröja	Pullover, T-shirt	10
trött	müde	3
(en) tub	Tube	13
(en) tunnelbana	U-Bahn	5
(en) turist	Tourist	8
(en) turistinformation	Information für Touristen	5
(en) turistförening	Touristikverein	8
tusen	tausend	3
(en) tusenlapp	Tausendkronenschein	10
tusentals (1000-tals)	tausende von	8
(en) tussilago	Huflattich	8
TV (teve)	Fernsehen	2
tvinga	zwingen	19
två	zwei	2
två trappor upp	im 2. Stock	5
(en) tvål	Seife	13
tvätta	waschen	2
(en) tvättinlämning	Wäscheannahme	10
(en) tvättstuga	Waschraum, -küche	11
(ett) tvättställ	Waschbecken	8
tycka	meinen, finden	4
tycka om	mögen, es gern sehen	9
typisk	typisch	2
(en) tysk	Deutscher	1
tyska	Deutsch, Deutsche	1
Tyskland	Deutschland	1
tyvärr	leider	5
(ett) tåg	Zug	3
tåga	ziehen	16

täcka in	erfassen	19
(ett) tält	Zelt	8
tälta	zelten	12
(en) tältplats	Zeltplatz	1
tända	anzünden	16
(en) tändsticka	Zündholz	1
tänka	denken, vorhaben	2
tättbebyggd	dicht besiedelt	19
(en) tävling	Wettbewerb	8
tömma	leeren	2
(töras) törs	(sich trauen), traut sich	15

U

(en) ugn	Ofen	18
(en) ugnsvärme	Ofenhitze	18
under	unter; darunter, während	7; 13
underst	zuunterst	18
(ett) understöd	Unterstützung	20
undersöka	untersuchen	11
undra	sich fragen, wissen mögen	15
ung	jung	8
(en) unge	Kind	21
ungefär	ungefähr	17
(ett) universitet	Universität	5
upp	hinauf	11
uppe	oben, droben	11
uppfatta	auffassen; verstehen	18; 19
(en) uppfattning	Auffassung	21
(en) uppsats	Aufsatz	18
upptagen	besetzt; beschäftigt	6; 12
upptäcka	entdecken	13
ur	aus	7
ursäkta	Entschuldigung!	5
(ett) urval	Auswahl	4
ut	hinaus, heraus	11
utan	ohne; sondern	8; 12
utanför	außerhalb	12
utbilda (sig)	(sich) ausbilden	20
(en) utbildning	Ausbildung	20
utbyta	austauschen	21
ute	unterwegs, draußen	11
(en) uthyrning	Vermietung	19
(en) utkant	Stadtrand	7
utländsk	ausländisch	16
(en) utnämning	Ernennung	16
utom	außer	12

uträtta	verrichten; ausrichten	10; 19
(ett) utseende	Aussehen	7
(en) utsikt	Aussicht	7
utvandra	auswandern	15
utöva	ausüben	18

V

va = vad	was (*bekräftigender Ausdruck*)	13
vaccinera	impfen	20
vacker	schön	7
vad	was, wie	1
vad ... för	was für ...	6
vad kallas	wie nennt man	18
vad som	was	20
vad är klockan?	wieviel Uhr ist es?	3
(en) vagga	Wiege	20
(en) vagn	Wagen	3
(en) vaktel	Wachtel	14
Valborgsmässoafton	„Walpurgisnacht"	16
(en) vana	Gewohnheit	11
(ett) vandrarhem	Jugendherberge, Wandererheim	8
vanilj	Vanille	13
vanlig	gewöhnlich	15
var (*vgl.* vara)		
var	wo	1
var ... än	wo auch immer	19
vara	sein	1
vara med om	bei ... dabeisein	16
varandra	einander	6
vara slut	fertig, am Ende sein	10
vara uppe	auf sein	12
(ett) vardagsum	Wohnzimmer	7
varför	warum	9
var för sig	jeder für sich	14
variera	variieren	8
varifrån	woher	1
varje	jeder, jede, jedes	8
varken ... eller ...	weder ... noch ...	12
varm	warm	8
(en) varmvattenkran	Warmwasserhahn	8
vars (*vgl.* som)		
varselljus	Standlicht	19
var snäll och ...	sei (seien Sie) so nett und ...	5
varsågod	bitte schön	1
vart	wohin	4
(ett) varuhus	Warenhaus	7

varva ner	schichten	18
vatten	Wasser	8
vattna	gießen	18
(en) vecka	Woche	7
(en) veckotidning	Wochenzeitung	11
vem	wer, wem, wen	2
vems	wessen	2
verkligen	wirklich	5
(en) verkstad	Werkstatt	21
veta	wissen	4
vi	wir	1
vid	bei, an	4
vid tretiden	gegen 3 Uhr	5
vilja	wollen	1
vilken, vilket, vilka	welcher, welche, welches; welche	5
vill du vara snäll	willst du so nett sein	4
(en) villa	Villa	7
(ett) vin	Wein	1
(en) vindruva	Weintraube	4
(ett) vindsrum	Dachzimmer	7
(en) vinter	Winter	5
visa	zeigen	16
(en) visa	Lied	11
vistas	sich aufhalten	12
vit	weiß	7
(en) våning	Stock; Wohnung	6; 9
(en) vår	Frühling	8
vår, vårt, våra	unser, unsere	9
(en) vård	Pflege, Betreuung	20
vårda	pflegen	12
vårdas för ...	wegen ... in Behandlung sein	12
(en) vårvisa	Frühlingslied	16
väcka	wecken	14
(en) väckarklocka	Wecker	12
(en) väckning	Wecken	6
(en) väg	Weg	5
(en) vägg	Wand	13
väl	wohl	2
väldig	riesig, sehr	15
välkommen	willkommen	3
(en) vän	Freund	5
vända sig	sich wenden	12
(en) väninna	Freundin	9
vänja sig	sich gewöhnen	15
vänlig	freundlich	19
vänstra	(der, die, das) linke	14
vänta	warten	9

vänta barn	schwanger sein	15
(en) värld	Welt	20
värst	am schlimmsten	14
väsentlig	wesentlich	18
västerut	westwärts	5
(en) väv	Gewebe, gewebtes Tuch	18
växa	wachsen	11
växa upp	aufwachsen	21
(en) växel	Telefonzentrale	17
(en) växt	Pflanze	18

Z

zink	Zink	8

Å

(en) å	Fluß	11
åka	fahren	3
åka skidor	skilaufen	8
(en) åker	Acker	11
(en) ålder	Alter	8
(ett) ålderdomshem	Altersheim	15
(en) åldersgräns	Altersgrenze	21
(en) ålderspension	Altersrente	20
(ett) år	Jahr	6
åstadkomma	zustande bringen	19
åt	zu; in Richtung auf; für	2; 7; 17
återkomma	wiederkommen	17
åtta	acht	3
åttio	achtzig	3

Ä

äga	besitzen	12
(en) ägare	Besitzer	12
(ett) ägg	Ei	16
(ett) äktenskap	Ehe	15
(en) älg	Elch	19
(en) älgstek	Elchsteak	14
älska	lieben	9
(en) älv	Fluß, Strom	8
än	als	13
ändå	trotzdem; noch	6; 13
ännu	noch	13

(ett) äpple	Apfel	4
är (*vgl.* vara)		
ärva	erben	15
äta	essen	3
även	auch	16

Ö

(en) ö	Insel	13
(ett) öga	Auge	10
(ett) ögonblick	Augenblick	6
(ett) öl	Bier	1
(en) ölburk	Bierdose	16
önska	wünschen	13
öppen, öppet	geöffnet, offen	6
öppna	aufmachen	12
(ett) öre	Öre (kleinste Währungseinheit)	4
(en) österrikare	Österreicher	1
(en) österrikiska	Österreicherin	1
Österrike	Österreich	1
österut	ostwärts	5
över	über, nach; mehr als; darüber	3; 6; 14
överallt	überall	12
överföra	übertragen	18
överst	zuoberst	18

Notizen

Notizen